Avant que la mémoire s'efface

OLIVIER DE KERSAUSON

AVANT QUE LA MÉMOIRE S'EFFACE

QUELQUES PROPOS MARITIMES...

le cherche midi

Vous pouvez consulter notre catalogue général
et l'annonce de nos prochaines parutions sur notre site :
www. cherche-midi.com

92, avenue de France
75013 Paris
serviceclients@lisez.com

Conception graphique : Justine Dupré
Composition : Facompo
Dépôt légal : novembre 2024
ISBN : 978-2-7491-7930-8

À Claude Fons, Bob Rice et Pierre Lasnier.

INTRODUCTION

Tout ce que je sais de la navigation – de la navigation de course en particulier, mais encore de la navigation en général – tient sur une feuille de papier : c'est très court. Très succinct. C'est peu, encore s'agit-il de le savoir. C'est la clé. L'essentiel. Ce savoir est difficilement mesurable et infiniment subtil… C'est mince, ça tient sur une feuille de papier d'un seul côté, en plus ! Et il est quasi impossible de le transmettre.

Pour avoir compris, assimilé une règle, il faut passer énormément de temps en mer afin d'en tirer une conclusion qui ne sera jamais totalement définitive – laquelle pourrait se vérifier, c'est-à-dire se *reproduire.* L'événement maritime – l'événement météorologique – s'observe. Il surgit. Il a ses causes et ses conséquences. Il faut en avoir observé un grand nombre pour en tirer une *connaissance.* On ne peut le susciter, il faut être là quand il se produit, c'est tout. De là à en tirer une règle… c'est une autre limonade… Les marins ne créent pas de dépressions, d'anticyclones ;

ils n'interviennent pas sur l'inertie du vent. Ce n'est qu'en assistant à ces phénomènes, en répétant à l'envi les observations, qu'on en perçoit les signes avant-coureurs, les prémices – ce qui les déclenche. Il n'y a pas d'événements météorologiques sans prémices, sans alertes, sans signes avant-coureurs. L'intervention du phénomène, son surgissement, la prescience de son intervention, l'intuition de cette intervention, si l'on préfère, ressort d'un savoir empirique. L'expérience, ici, joue à plein. Elle est fondamentale. L'intuition se forge grâce à des heures de mer.

C'est parce que j'ai beaucoup *vu*, beaucoup observé que j'ai compris certains phénomènes. Et encore… Sur ce point, c'est l'humilité qui doit prévaloir.

Tenter de comprendre un système suppose de l'avoir *éprouvé* par l'observation répétée. Et répétée. À foison ! Tiens, on se dit : voilà, quand le vent se comporte ainsi, il se passe ça… Certes, mais dans quelle direction est la mer ? Et quelle heure est-il ? Comment s'effectuent les échanges de thermie ? Dans quelle exposition sommes-nous ? Voici une équation à plusieurs inconnues. Comment vais-je la résoudre ?

Souvent les gens parlent des « caprices » du temps. Le temps n'est pas capricieux, il évolue avec des règles mécaniques, très simples, des signes précurseurs : aucun phénomène n'arrive brutalement, *ex nihilo*, ce n'est pas vrai, tout phénomène a son signe précurseur. La connaissance permet de repérer ce signe.

Tous les jours en mer, j'ai appris quelque chose. Tous les jours, un élément neuf est venu conforter ma connaissance, l'enrichir, la compléter.

Pour moi, rien n'est plus plaisant dans la vie que de partir faire le tour du monde avec un bateau à voile : faire le tour du monde météorologique qui est extraordinaire, faire le tour du monde géographique qui emmène dans des endroits où la mer est énorme, où il fait froid, où tout est sauvage, primitif, où les systèmes sont variés, inattendus, surprenants, magiques à plus d'un titre.

À 60 degrés sud, par exemple, loin des hommes, ce monde est intouchable. C'est un univers qui, précisément, ne veut pas d'eux : c'est écrit dessus ! Il n'y a pas de « culture » – dans tous les sens du terme. Il n'y a pas de traces, si l'on préfère. Il n'y a aucun homme qui vit là et qui va transmettre à un autre quelque chose sur ce que doit être sa vie.

Je ne crois pas qu'il faille un don pour naviguer. Le don permet d'avoir un meilleur acquis, c'est tout. C'est ça le fond de l'histoire ! Le don permet d'emmagasiner et de synthétiser de l'acquis. Il faut de la vigilance, ce n'est pas la même chose. Et de la passion. Oui, de la PASSION.

Quand quelqu'un me dit : « Moi, j'écoute de la musique en mer », je ris. Les oreilles ne doivent servir qu'à écouter les variations et les phénomènes qui passent. Personne ne va à la chasse avec des écouteurs dans les oreilles. Là, c'est pareil.

La nuit, en mer, les oreilles deviennent des yeux. C'est grâce aux oreilles qu'on va comprendre qu'il se passe quelque chose d'anormal. Grâce à elles, on connaît sa vitesse en fonction du bruit de l'écoulement de l'eau sur la coque. Le son est capital. Il dit tout.

Le bruit est directement proportionnel à la vitesse. Il est différent quand on est à 10 ou à 20 nœuds. Les sons apportent tout. Naviguer, c'est se servir autant des oreilles que des yeux.

En vérité, tous les sens sont convoqués. À part l'odorat, car la mer n'a pas d'odeur. Sauf si un corps étranger survient.

Quand on se trouve sous le vent de Tahiti, à 150 ou 200 kilomètres de la terre, si le vent vient du sud-est et qu'on arrive du nord, on va sentir le végétal. Quand on est en mer d'Arafura, au nord du désert australien, l'air sent la pierre chaude. À 300 kilomètres, le vent rapporte les odeurs. C'est fascinant.

Il y a aussi l'odeur de fer des cargos. Le cargo sent la ferraille, c'est l'odeur même de la ferraille. Et comme il y a une grosse masse de ferraille dans un monde où il n'y a rien d'autre – pas d'autres parfums –, dans un monde « impollu » si l'on préfère, l'odeur de ferraille va dominer et surprendre. Elle emplit tout. Bien entendu, il faut être sous le vent pour sentir cette odeur de fer.

La simple observation du ciel, conjuguée au bruit, donne, révèle tout. On lève les yeux, on voit à quelle vitesse les nuages courent, se déplacent, se transforment. Il s'agit d'arriver à déterminer à quel moment ce vent va descendre sur la mer. À force de naviguer, de regarder les nuages se déplacer, on sait s'il y a 30, 40, 50 nœuds en haut. Ce qui fait le marin, c'est sa capacité d'observation, sa capacité de décision, son sens de la mer… Il ne prend des décisions qu'en fonction du vent et de la mer. C'est un métier où l'on passe son temps à décider. On vire, on ne vire pas, le vent est là, il n'est pas là, le vent avait l'air d'être là, mais il n'est plus là, où était-il ? Le clapot n'est pas comme on avait dit, prévu qu'il serait organisé, il y a une houle qui se lève à tel endroit, donc si je mets le bateau davantage face, je pourrai bénéficier de cette houle… Il y a encore trois heures, je marchais bien, mais un clapot d'orage s'est levé et le vent est dans la même direction, dans la même force, dans le même angle pour le bateau, alors je vais perdre 3 ou 4 nœuds parce que la bande de roulement n'est plus la même, la mer a changé de forme. Naviguer, c'est s'adapter aux ruptures.

Dans la navigation à voile, tout ce qui se passe autour du bateau est de première importance : on dispose de la prévision météorologique, mais la prévision c'est la prévision, ce n'est pas la vision. C'est pour ça que ça s'appelle « prévoir ». Et entre prévoir et voir, il y a la capacité d'erreur humaine de l'analyste. Et il y a la capacité de *recoller* cette erreur humaine puisqu'on est devant le réel. Face à lui. En direct ! En prise.

Le métier de marin, c'est un métier d'analyse. Avant que la pluie arrive, le ciel est chargé. Tout à coup, on sent un vent un peu plus frais : ça veut dire que dans une minute, deux minutes, trois minutes, ça va *dégringoler*. Il faut repérer l'effet thermique. Il y a un petit grain non humide qui arrive avant la pluie. Il n'y a pas une risée qui ne soit annoncée avec un délai qui varie de deux à trois minutes…

Pour être vigilant, en mer, on a besoin de son nez, de ses yeux, de ses oreilles. Il faut être hypersensible aux éléments. Hyper-concentré.

À la pointe du Raz, il y a l'île de Sein, et après l'île de Sein, ce qu'on appelle la « chaussée de Sein ». C'est un nombre de cailloux assez important ; certains sont à 2 ou 3 mètres sous l'eau, d'autres à 6 mètres, et cette « chaussée » s'étend jusqu'à un phare, au large, qui s'appelle Ar-Men, et qui est à une vingtaine de kilomètres. Les vieux me disaient qu'ils se repéraient dans la brume au son de la vague sur les pierres. Et ils savaient où ils étaient grâce à ce son… Tiens, premier son sur telle pierre, deuxième sur telle autre… Ces hommes n'avaient pas de GPS à l'époque. Ils se savaient à tel endroit parce que tel son le leur indiquait. Tel autre les confirmait ou les infirmait dans leur position. Et ce bruit de la vague sur la pierre n'était pas le même en fonction du caillou et de sa profondeur le long de la chaussée. Autant de notes de musique… Il faut être passé plusieurs fois pour avoir ça dans l'oreille et s'en souvenir. C'est de la géographie sonore. Un savoir ancestral ! Et ça me passionne.

Il y a peu, en Polynésie, un vieux pêcheur m'a dit : « Quand, dans le temps, on entendait la vague sur le récif qui faisait "waouh, waouh, waouh" trois fois, on savait qu'on ne pouvait pas aller à l'atoll d'à côté parce que la mer serait trop dure. » Voilà ce qui se décante d'années d'observation.

Tel vent, à tel endroit du globe, fait tel résultat sur la mer : on sait alors si elle est praticable ou pas ! C'est un peu la mémoire d'un lieu. Le monde entier voit disparaître ces mémoires qui ne servent plus à rien.

Les bateaux ont fait des progrès techniques, ils sont beaucoup moins fragiles qu'ils n'étaient. On n'a moins besoin, d'une certaine façon, de ce savoir empirique. La *lecture* a changé : avant, on avait une lecture à l'oreille, maintenant on a une lecture sur un cadran électronique qui va mesurer des pressions, des effets et des efforts. Je perçois qu'il y a tout un savoir qui n'est plus indispensable, mais qu'il est bon de connaître, c'est tout. Va-t-il disparaître ? J'ai l'impression que la valeur en est atténuée, parce que la technique permet de suppléer à l'expérience dans beaucoup de domaines. Moi, j'ai appris à tenir en suspicion les instruments électroniques. J'ai toujours *doublé* avec mon intuition et mon sens de l'observation ; je me suis servi de la machine en retenant les renseignements qu'elle me donnait, mais je m'en méfiais, sachant qu'elle était faillible.

Quoi qu'il en soit, en course, c'est la connaissance qui prévaut. Si un phénomène météorologique fait signe et qu'il nécessite de changer de voile, on doit se poser la question de savoir si ça vaut la peine de ralentir, de faire l'effort de changer (c'est une dépense énergétique), si on ne sait pas combien de temps ce phénomène va durer. Je change de voile, je ralentis le bateau, je vais perdre par exemple 4 nœuds pendant vingt minutes : combien de temps faut-il pour que la nouvelle voile *paie*, pour qu'elle me récupère les

4 nœuds que j'ai perdus pendant vingt minutes ? Et si, un quart d'heure plus tard, le vent est retombé ? Est-ce que je ne suis pas en train d'entrer dans un processus d'erreurs ? C'est ça en permanence. C'est ça, naviguer. C'est un métier où la compréhension du monde qui nous entoure n'existe que par l'accumulation des expériences. Et là, sur ce point, la technique ne fait rien à l'affaire. La technique donne une mesure, rien de plus. Elle ne réfléchit pas à notre place. L'intelligence maritime sert à comprendre les éléments qui vous entourent mais, surtout, à en faire la synthèse. L'intelligence sert à conclure. C'est la synthèse qui va ordonner la décision.

I

COURIR L'HORIZON

Appareillage

L'appareillage, c'est la raison de tout. C'est-à-dire que si on construit des bateaux, ça n'a de sens que quand on appareille. Quand le bateau est à quai, quand il est en travaux, quand il est en construction, ça n'a aucun sens. Par contre, l'appareillage, c'est l'équivalent du décollage pour l'avion : l'avion n'existe que quand il est en l'air, il n'existe pas quand il est sur la piste. Idem pour l'appareillage : on largue tous les liens qu'on a avec la terre, les cordages, les aussières de l'avant, de l'arrière… Cette manœuvre, c'est le vrai moment quand on quitte le port, quand on quitte le monde, et on vogue vers sa destinée : on prend la mer, au sens le plus magnifique du terme, on s'éloigne de tout ce monde terrestre pour rejoindre le monde marin pour lequel le bateau existe, parce que ce bateau n'existe que pour être à la mer. Il n'a de sens que la mer. Un bateau à quai, ça n'a pas de sens. Parce que le sens, c'est naviguer.

On ne quitte pas un port comme ça. Si on est à voile, il faut manœuvrer pour quitter le quai, le vent n'est peut-être pas toujours du bon côté... Ça peut être une manœuvre lourde si on se trouve au mouillage et qu'il faut remonter 100 mètres de chaîne. Ce n'est pas une manœuvre rapide, l'appareillage, c'est une manœuvre longue ; si on a un gros cargo, il faut des remorqueurs, des pousseurs qui nous dégagent du quai, qui mettent dans l'axe de la route, pour qu'on prenne de la vitesse... C'est une opération lourde. Un avion, il faut en retirer les échelles, terminer les pleins, retirer les cales ; sur un bateau, il faut retirer les cordages, mettre la machine en chauffe, que les remorqueurs, si on en a besoin, soient à côté pour pousser le nez du quai, et ainsi de suite. Une manœuvre d'appareillage est longue, entre le moment où on enlève ce qui nous lie au quai, la passerelle, puis les cordages, ensuite on passe les aussières aux remorqueurs, qui vont tirer, ou aux pousseurs, qui vont pousser... À un moment donné, on commande vingt opérations de suite, c'est une série de décisions en cascade parce qu'on va faire bouger, déplacer un « machin » qui fait 10 000, 20 000, 30 000 tonnes si c'est un gros bateau. On ne claque pas des doigts et hop ça part ! Ce sont des processus où on fait intervenir un nombre important de personnes.

Bateau

Le bateau, c'est la liberté. Quand on arrive sur la plage, il y a une barrière : on ne peut plus marcher, il y a l'eau et on ne marche pas sur l'eau. L'homme est biologiquement bloqué. Si on souhaite aller plus loin, continuer à avancer dans la direction du soleil, par exemple, il faut qu'il y ait un bateau.

Il faut lever la barrière pour courir l'horizon ! J'ai eu la joie de trouver le bateau. Une vraie joie ! Ontologique ! Brutalement, je n'étais plus condamné à rester ! C'est comme si la barrière s'ouvrait. C'est simple quand même. J'interprétais l'absolu comme ça. Car il n'y a pas d'absolu, il n'y a que des interprétations. Par exemple dans l'amour, c'est l'interprétation de la femme qui est en face de vous qui prévaut, ce n'est pas la connaissance… Et vous ne la connaîtrez jamais, au fond, donc le problème est réglé. On ne vit que d'interprétations, on ne vit d'aucune réalité. On ne vit que de perceptions et d'interprétations de la perception. L'amour, c'est la perception de la magie de l'autre qui vous entraîne. C'est une personne qui est devenue une réalité pour vous, mais ce n'est que pour vous.

La barrière que j'ai ouverte sur la plage, c'est de la curiosité. Une curiosité de goinfre, de corsaire. La vie, ce n'est que ça. Quand on est gosse, on ramasse tous les trucs, on les porte à la bouche : c'est ainsi qu'on découvre que le fer a du goût, que les choses ont du goût. On convoque tous nos sens en exercice, en éveil, qu'on le veuille ou pas. Les bébés sont toujours en train de sucer une cochonnerie qu'ils ont trouvée : un des premiers gestes qu'ils font, c'est de prendre des choses pour en tester le goût.

Ce que je savais, c'est qu'il n'était pas question que je m'arrête sur la plage. D'ailleurs, il n'est question de s'arrêter à rien. Sur rien. Pour rien.

J'ai pensé, très jeune, qu'il fallait découvrir le monde pour ne pas s'apercevoir à 50 ans qu'on n'avait pas habité là où il fallait habiter. C'est pour ça aussi que j'ai couru le monde, pour voir s'il n'y avait pas mieux que là où j'étais.

C'est un énorme argument quand même. On n'a qu'une vie !

Je n'ai pas exploré pour fuir, mais pour trouver le bon endroit. Fuir ? Fuir quoi ? Mais rien du tout !

J'existe, c'est tout. On ne se fuit jamais. C'est une illusion de le penser. Une erreur stratégique d'importance. Une vaine illusion, oui. Pas douce, vaine ! On n'échappe jamais à soi-même et surtout pas en fuyant sur l'océan. Glisser sur l'eau, vite, c'est faire face à une série de contraintes. Impossible de s'échapper. On ne s'échappe pas, on ne se sauve de rien. On rentre dans un processus qui va demander de l'énergie, de l'attention, de la vigilance, de la présence en quasi-permanence… on n'échappe à rien, au contraire.

La seule obligation que j'ai envers moi, c'est de me comporter en étant content de vivre, donc mon contentement va être très déterminant dans mes attitudes. Quand on a été interne dans des collèges jusqu'à l'âge de 18 ans, on a envie de bouger… Alors j'ai bougé. La montagne ne m'attirait pas… La mer, oui, l'horizon, je le vois devant moi, c'est lumineux, c'est clair, c'est impeccablement beau.

L'horizon ? C'est le truc qu'il y a devant vous et qui change en fonction de votre progression. À terre, l'horizon est bouché. Sur la plage, avant de franchir la barrière, une question se pose : qu'est-ce qu'il y a derrière l'horizon ? C'est bien, cette question, non ? Elle est inutile, mais qu'importe. Elle est parfaite.

Elle suppose un futur. On verra bien ce qu'il y a derrière, ce n'est pas l'important tant que ça déroule, ça déroule… il s'agit de voir ce qui se passe. Or, dès qu'on est en mouvement, on va vers un horizon, et brutalement apparaissent dans cet horizon des cocotiers, un village, les tours de New York, et qu'importe puisqu'on bouge…

À la vérité, je ne cours rien ! Je continue d'avancer, c'est déjà pas mal ! Je continue d'avancer et je me fous que l'horizon recule. Je veux voir, je veux me promener, je ne veux pas rester là où je suis. Je me suis juré une chose quand j'avais 15 ou 16 ans, ne jamais dire « J'aurais aimé ». Je me vois encore. Mais quelle horreur ça doit être de se dire « J'aurais aimé » et de ne pas avoir fait. Donc j'ai aimé et j'ai fait en fonction de ce que j'avais compris de moi et de mes capacités, voilà. Et en accord avec ce que j'avais compris de moi et de ce que je suis capable de faire aussi. Il y a des choses que j'aurais aimées, mais qui m'ont été interdites : pour voler, je suis obligé de monter dans un avion. J'aurais adoré piloter. Ça doit être au poil de voler.

Courir le monde

J'ai voulu découvrir le monde très tôt parce que je ne voulais pas passer ma vie dans un endroit « MERDIQUE » ! J'étais bien en Bretagne, mais je me disais sans cesse il y a peut-être mieux ailleurs. Je voulais faire le tour de tout. Je voulais faire le tour de toutes les villes pour voir laquelle était la plus agréable à vivre selon mes critères. En somme, ne pas me tromper de vie !

J'avais envie de profiter du tropical. Quand j'étais adolescent, j'avais envie d'aller en Afrique. Après, j'avais envie de connaître tous les pays dont on entendait parler parce qu'on avait des rapports de colonie avec eux… J'entendais parler du Tonkin et de mille endroits dans le monde : il fallait aller voir, découvrir, sentir, humer. Et je n'ai pas été déçu ! Parce que je trouvais que le monde ressemblait parfaitement à ce que Tintin décrivait… Aussi caricatural, par moments. Hergé était un bon guide, mais ce n'est plus à la mode aujourd'hui.

Je n'ai jamais cessé de voyager : au moment du Covid, c'était la première fois depuis quarante ans que je passais plus de quatre mois sur le même continent.

Je ne suis chez moi nulle part. Je n'ai pas du tout la notion de « chez-moi », pas la notion d'appartenance à un lieu, du tout ! Je pourrais vivre perpétuellement en villégiature, à l'hôtel. Je suis hors-sol, ce qui est logique, d'une certaine façon, pour un marin !

J'ai très peu de rapports avec la possession.

Je n'ai pas besoin d'un « intérieur ». J'ai toujours habité de beaux endroits toute ma vie d'ailleurs, j'aime bien les beaux endroits… J'aime bien, mais je ne suis pas attaché.

Je suis un Breton qui est dans le monde. Je ne m'intègre nulle part. Je n'ai pas envie de m'intégrer non plus. Je suis en voyage.

Le seul monde dans lequel je m'intègre vraiment, c'est la mer. Et quand il y a la mer, je suis chez moi partout…

Pour moi, le « truc » important, capital même, essentiel, c'est le lien avec la mer, donc je ne peux pas vivre ailleurs. Je n'irais jamais vivre dans un pays où il n'y a pas la mer, et partout où j'habite je vois la mer. Ce n'est pas négociable ! Je peux vivre partout à condition d'être directement sur l'eau.

Oui, pour moi, c'est le « truc »… Le vrai lien, le vrai endroit, c'est la mer, les endroits où elle est… C'est la mer qui prime.

Oui, la présence de l'océan ! La mer est indispensable, m'est indispensable. Mais il faut que ce soit la mer, la vraie : quand je suis en Méditerranée, j'ai l'impression que ce n'est pas la mer, j'étouffe, je sais qu'à 600 kilomètres en face, c'est la terre, il n'y a pas de place.

Pas assez de place pour moi. La Méditerranée limite mes rêves. Elle les castre.

Je ne m'attache pas davantage aux objets. Je n'ai aucun rapport avec les objets. Je ne conserve rien, je n'ai pas d'objets…

Je ne garde rien, sauf une noix de coco. Elle me plaisait bien, j'avais 10 ans, il y en avait une magnifique à la maison, elle était sculptée, et mon père me dit : « Elle te plaît ? Je te la donne. » J'étais ravi, on m'avait donné un objet qui pour moi était magnifique, qui était le symbole de toutes les évasions. Ce n'est pas un cadeau innocent du tout.

Je ne suis pas un collectionneur. Loin de là. Je ne collectionne que les souvenirs. La capacité de se créer des moments marrants ou agréables. Parfois, tu penses à un ami, tu es dans une situation cocasse, drôle, amusante, différente ou je ne sais pas quoi, tu pourrais échanger avec le copain, mais le copain n'est plus là… Voilà.

Je me sens parfaitement libre. J'ai horreur des valises. J'ai fait cent fois le vol Paris-Tahiti et vice versa en ne prenant pas de valises. Ce serait complètement idiot : j'ai des chemises des deux côtés, je ne vais pas emmener quoi que ce soit ! C'est ridicule ! Je n'aime pas les bagages.

Je me rappelle, quand je rentrais en France, je prenais ma moto pour aller me promener ; j'avais un tee-shirt de rechange et ma carte de crédit, et j'allais me promener dans toute la France comme ça, je voulais aller voir des choses que je trouvais jolies. La moto, c'est « vachement » bien pour ça.

C'est vraiment la mer qui a guidé l'intégralité de ma vie. Depuis mes 18 ans, j'ai un peu habité Paris, mais je m'en allais souvent pour m'occuper des bateaux. Sinon, le reste du temps, je n'ai habité que dans les villes de bord de mer. J'ai habité à San Francisco, à Marseille… J'aime bien les villes de bord de mer où j'ai habité. D'ailleurs, « habiter », non, j'ai vécu. Je n'habite peut-être pas. Sûrement pas. Habiter, c'est une autre affaire, d'autres habitudes, justement…

Ce sont les gens qui m'arriment quelque part, les gens que j'aime bien. Les gens comptent pour moi. Les gens que j'aime, les gens que j'apprécie. La relation avec l'autre, ce n'est pas un besoin, c'est un plaisir. C'est très différent quand même.

Je ne suis pas social, pas antisocial, mais pas social ! Je crois n'avoir jamais adressé la parole à quelqu'un en premier.

Ma femme me le reproche d'ailleurs, elle me dit : « Tu devrais voir des gens… » Je lui réponds : « Je n'ai envie de voir personne. »

Je ne sors pas dîner à Tahiti, je n'ai pas d'amis. Oh, deux fois par an, et encore… Ou je n'y vais pas.

Je suis un capitaine breton en Polynésie… Je pourrais être un capitaine breton en Corse ou en Espagne.

Le monde est sympa là où je me balade. C'est bien d'avoir deux printemps dans l'année ; j'aime le printemps et l'été, donc changer d'hémisphère pour avoir deux printemps et deux étés, c'est au poil ! Ça vaut vraiment le coup de se démener.

J'ai toujours été nomade.

Dès que j'arrive dans un port avec mes bateaux, je visite le port pour voir le bateau que j'irais voler en cas de problème…

Je pense toujours que je pourrais me retrouver bloqué quelque part. Je suis claustrophobe. C'est pour ça que je ne peux pas entrer à l'arrière d'une voiture qui n'a pas de portes, je ne peux pas être entre deux personnes dans un avion, il faut que je sois du côté de l'allée, et ainsi de suite... Je ne peux pas être sur la banquette au restaurant, il faut que je puisse m'enfuir quand j'ai besoin. J'ai toujours besoin de pouvoir me dégager vite de l'endroit où je suis.

Je ne peux pas regarder un film avec des mecs sous la terre en train de faire de la spéléologie : ça m'angoisse.

J'ai toujours besoin de pouvoir m'en aller. De quitter la table, le groupe, le cercle...

J'ai vécu comme il me plaisait de vivre, c'est simple : les deux étés, les deux printemps, la beauté du monde...

Et zéro hiver.

L'hiver m'emmerde, les jours sont courts. J'aime la lumière.

La terre est un accident de la mer. Pour moi, le seul endroit au monde qui soit vraiment intéressant, c'est le maritime. Tant que je suis dans le monde maritime, je suis dans le monde entier, je peux tout faire. Je suis en route vers New York, je décide d'aller aux îles du Cap-Vert, je pousse là-bas et c'est tout. Pas la peine de téléphoner à une agence de voyages. La mer m'offre une immédiateté d'action. La liberté, elle est sur l'eau, seul, radicalement seul. C'est moi qui décide. Je suis seul maître à bord. Je suis maître d'aller où le vent me porte. Droit dans la direction que le soleil me donne.

Danger

La notion de danger, c'est réservé aux trous du cul. Tout est dangereux. Le principe de précaution est une obscénité biologique, puisque vivre c'est dangereux : la preuve, on va mourir. C'est très dangereux de vivre. Je n'ai pas d'angoisse de la mort. C'est une réalité que je sais exister, j'en déduis ce qui m'intéresse. Je ne vais pas mener la vie que les autres voudraient que je mène.

La mort, elle arrivera, c'est biologique, tout le monde meurt. Je n'ai pas d'angoisse. Je n'ai pas envie, mais je n'ai pas d'angoisse.

J'ai une capacité d'indifférence très, très supérieure à la moyenne. Et, en ayant une morphologie émotionnelle singulière, je ne suis pas du tout insensible, mais je suis parfaitement étanche. Ce qui pour un marin est une condition *sine qua non*...

Je perçois, je suis sensible, mais ça ne me détruit pas. Je note, c'est tout. Il y a les souffrances qu'on subit et celles qu'on choisit. Il y a des gens qui choisissent des souffrances. Je leur laisse.

Je ne m'aime ni ne me méprise, je me supporte avec allégresse. J'ai un assez bon commerce avec moi-même.

Le danger, c'est se confronter à sa possible destruction et, partant, à sa fin. C'est pas automatiquement réjouissant, c'est une question de nature. Moi, j'ai été projeté, balancé dans un monde dont j'ai voulu très tôt connaître les limites physiologiques. Et explorer mes limites psychologiques. Rien de tel que se colleter au danger pour ça. Jusqu'où suis-je capable d'aller sans reculer, sans renoncer ? L'homme n'est intéressant que par les efforts dont il est capable. L'homme n'est intéressant que lorsqu'il est capable de réfréner ses angoisses. « *Pushing the limits !* » Enfin, l'espèce s'est donné du mal. Si nous sommes vivants, c'est parce que nous avons eu des grands-pères très anciens qui se sont jetés au milieu des aurochs avec des pieux durcis au feu pour avoir à manger. C'est tout de même une belle histoire à continuer, non ? Je ne suis pas de ceux qui se satisfont. J'aime cette histoire de l'homme. Nous ne descendons que d'une forme de héros, des êtres qui ont pris des risques, qui sont allés au danger pour que l'espèce progresse. La chasse à l'épieu quand il s'agissait de manger, c'était un drôle d'exercice. J'aime bien ça dans mon espèce, ce goût du risque de certains, cet appel du danger pour progresser. C'est idiot de vouloir limiter les risques, le danger. C'est une perversion moderne qui existe depuis quinze ans. On met dans la Constitution l'idée du risque minimal, alors que, biologiquement, on n'a évolué qu'à cause du risque – plutôt grâce à lui –, il est, en quelque sorte, inhérent à notre évolution. Les risques ne sont pas faits pour être fuis, mais pris, le danger pour être affronté, sans quoi nous serions encore dans les cavernes, dont nous n'oserions pas même sortir. Cette mentalité du risque zéro m'apparaît obscène. C'est parce que nous prenons des risques, que nous acceptons le danger que la vie est intelligente. Évidemment. Le danger est moteur. Il est révélateur du fait qu'on doit y aller. Si c'est pas dangereux, on peut y aller, si c'est dangereux, on doit y aller. La nuance est subtile. C'est dans ce sens-là que ça marche, et uniquement dans ce sens-là.

Que valent nos ambitions ? Voilà la seule question qui vaille. Un homme, c'est un type qui doit se colleter au danger, lutter, risquer. Les gens qui n'ont jamais risqué leur peau ne parlent pas comme les autres. C'est flagrant.

Les fois où je me suis senti en grand danger ? En ville. À Paris, à terre, j'ai l'impression que je vais perdre mon âme. Faut pas rester là, la vie ne peut pas être là. Un jour, je me suis dit que si j'étais condamné à rester là, j'allais me droguer. Pour supporter.

Décision

En course, on a une route, un cap à tenir, qui est l'optimum, et, à côté de ça, il y a deux routes possibles : l'une qui peut être un peu plus rapide selon le vent, l'autre un peu plus rapide selon la forme de la mer à tel moment. Donc, est-ce que je me mets dans l'axe de la mer pour partir mieux au surf ou est-ce que je vais abattre de tant de degrés en disant : « Voilà, on va faire de l'est, on va le faire avec 15-20 degrés de moins parce qu'au profil de la mer on va marcher 20 % plus vite, et 20 % plus vite, de toute façon, c'est payant parce que ça me positionne mieux pour le prochain système météorologique tel que je l'ai compris. » C'est un métier où l'on prend des décisions toutes les heures, en fonction de la prévision météorologique, de la réalité météorologique, c'est-à-dire de la réalité tout court : est-ce que la météo correspond à la prévision ? Et après, c'est surtout la réalité de l'effet de mer qui nous guide, parce que le bateau est très sensible au clapot, à la forme des vagues, donc à la forme de la mer. Ainsi faut-il chercher le meilleur angle de glisse. Tout ça, c'est des composantes.

Je prends une carte de la Manche, je me dis que je vais aller de Brest à Cherbourg. Je peux tirer la ligne droite, directe, de Brest à Cherbourg. Mais je peux faire Brest un peu au nord, et après redescendre sur Cherbourg. Ça va dépendre des vents, des courants et de là où le bateau va être à l'optimum. Si je sais que le vent va tourner dans les heures qui suivent mon départ, je peux choisir une direction différente : ainsi, dès lors qu'il tournera, j'en profiterai. D'abord, je vais aller moins vite sur la première partie du parcours et j'irai plus vite sur la deuxième. Je serai toujours sous le vent : c'est un calcul que fait le capitaine. Je ne vais pas décider à main levée, c'est moi qui intime un ordre : on fait ça. C'est mon métier, je suis devant la table à cartes, j'ai regardé, je vois comment le quart se débrouille, je parle avec lui : « Comment on est, comment le sens-tu ? – J'ai un peu de houle, répond-il, c'est tout. » Moi je lui dis : « Prends 10 degrés à gauche, on s'en moque, on va plus vite. » Je tâtonne, tente de m'adapter, de coller au réel de la mer. Je suis toujours en train de voir si je peux faire mieux. Toujours en train de tenter une expérience, de prendre une décision, de comprendre les choix qui me sont proposés. Et souvent, ils sont minces.

Il y a des moments où ça va bien, mais aussi des moments où on se dit : on devrait peut-être aller mieux quand même, c'est-à-dire plus vite, il y a mieux à faire. Et puis il y a la souffrance de l'équipage et du matériel à prendre en compte (c'est essentiel). Il ne faut pas non plus emmener les hommes faire des choses qui soient trop épuisantes parce qu'on a besoin d'eux H24. Semblablement, quand je décide de changer de voile, je vais dépenser l'énergie de mon équipage. Il ne va pas faire dix changements de voile de suite… Donc si je tranche, je me dois de décider à bon escient dans la mesure où je suis sûr que le temps va réellement changer et que j'ai compris que ça irait mieux avec cette voile plutôt qu'avec celle-là… À ce moment-là, je peux dépenser l'énergie… Mais le fait de changer de voile va ralentir le bateau, et après il faut que mon ralentissement soit amorti sur un certain nombre d'heures par la suite. Si je m'arrête, que ça fait perdre 5 nœuds pendant vingt minutes, ça fait 1,5 mille, je vais perdre 1,5 mille de parcours : il faut donc que l'heure qui suit, la voile que j'ai mise me permette de rattraper 1,5 mille – ou dans les deux heures qui suivent. Je calcule, j'anticipe, je prévois, je lis le futur.

Équipage

Un équipage, c'est un rassemblement d'hommes destinés au service général du navire.

Dans un équipage, il y a une hiérarchie (c'est la condition pour que cela fonctionne), il y a un capitaine, parfois un second, il faut plusieurs lieutenants et des matelots. Ça dépend du type de navires, bien entendu, ça dépend du programme des navires, mais c'est quand même toujours une hiérarchie qui existe davantage pour la nécessité de l'organisation du travail que pour imposer… Personne d'autre n'impose de volonté à bord : il y a le patron qui est le patron, ça ne se discute pas, ce n'est pas négociable. Le capitaine, c'est le capitaine. Point ! Organisation radicalement pyramidale. Unilatérale ! Mais d'ailleurs, dans la hiérarchie militaire, tous n'ont pas la même salle à manger. Le vrai problème, et c'est une image, c'est de mettre ensemble à table des gens qui n'ont pas la même culture. D'abord ils ne rient pas des mêmes choses, et en plus ils ne sont pas contents des mêmes choses, ils ne s'intéressent pas aux mêmes sujets…

Un équipage, c'est un groupe soumis à un rythme collectif nuit et jour pendant parfois un, deux mois, ou plus. Mais, dans le détail, tout ce petit monde vit assez séparé, même si cela peut surprendre. Chacun sa place. Strictement son poste. Ainsi évite-t-on les affrontements. Respecter sa place ressort d'une sorte de quant-à-soi qui permet à chacun de mieux vivre, en réalité. Rien ne sert de vouloir mélanger tout le monde.

Un équipage de course se choisit de façon empirique. On a fait mille essais avant le départ, on a beaucoup navigué ensemble. Ce ne sont que des gens du métier. Au cours des essais, je sens les hommes, je les observe, je choisis. Impossible de partir courir en mer avec un homme que je ne connais pas vraiment (même le dernier de la chaîne), dont je n'ai pas appréhendé les réactions, que je n'ai pas vu à l'œuvre, c'est-à-dire sur l'eau, en situation.

C'est pendant les entraînements que je vois qui est qui… Il y a des qualités requises. D'une certaine manière, elles sont immuables : la discipline, le collectif, l'énergie, le désir… Le désir. Il est central. Il décide de TOUT. C'est le désir qui fait bouger les hommes. Il faut qu'ils aient envie. Rageusement. Violemment. Un « pas très bon » qui désire sera plus efficace qu'un très bon qui est mou.

Je vois le désir d'un marin à la façon qu'il a de marcher sur le pont. C'est simple et ça saute aux yeux. J'exagère, mais c'est presque cela. À l'instinct.

Je vois tout de suite, au cours des essais, si l'homme que j'ai devant moi a vraiment navigué. Je pense que, pour un cuisinier, c'est pareil : quand un type rentre dans sa cuisine, à la façon dont il épluche, le chef comprend à qui il a affaire, immédiatement.

Je parle peu avec les hommes d'équipage, un bateau de course, ce n'est pas une Maison des jeunes !

La sélection d'un membre d'équipage se fait avec l'approbation des autres. Il est de première urgence que tout soit cohérent. Si l'un des autres membres ne veut pas d'untel pour un certain nombre de raisons, le veto tombe, implacable. Je ne peux, sur ce point, prendre aucun risque. Le veto devient alors définitif. Parce qu'il y a deux choses : les hommes individuellement et la manière qu'ils ont de se comporter en équipe. C'est évident, un homme prêt à faire équipe ! Je n'ai pas le droit de me tromper. Sur cette question, il ne peut y avoir aucun impondérable. Un homme sélectionné pour naviguer en course au cours des essais ne peut pas se révéler mou ou tortueux en mer. Impossible.

Je dois avoir tout compris des autres quand je pars. Quand j'emmène les équipiers à l'entraînement pendant vingt ou vingt-huit jours, je sais tout d'eux quand nous débarquons.

J'ai beaucoup navigué avec les mêmes. Sur onze hommes, par exemple, sur un Jules-Verne, j'avais un noyau dur de cinq ou six. Onze hommes, ça veut dire : deux quarts de cinq et moi.

Le bateau marche en quarts, donc toutes les six heures, ou toutes les quatre heures, selon les latitudes, on change d'équipe : il faut que les marins puissent dormir, manger, se reposer. Et l'on marche à H24, donc il n'y a pas de jour, pas de nuit, ce n'est pas la peine d'être bon le jour si on n'est pas bon la nuit, et vice versa. Donc il faut, en réalité, être bon tout le temps. Le service du bateau n'arrête jamais.

Un bon équipage aime cette vie à bord, les hommes sont contents, c'est un peu comme une meute à la chasse ou les chiens de traîneau : quand les chiens tirent le traîneau, ils prennent du plaisir. Sans cette notion de plaisir, rien de possible.

En course, ça doit « rouler » comme un moteur qui tourne bien, c'est tout… ça ronronne, mais ça ne ronronne pas paresseusement, ça ronronne de façon active. C'est la grâce.

Tout est formidable quand ça glisse bien et c'est pour ça que les hommes sont là, aussi. Quand ils sont à la barre à 30 nœuds, ils sont contents. Ils s'amusent. Ils profitent. Ils savourent. Ce sont des bouffeurs d'horizon.

C'est vraiment jouissif d'avoir des beaux bateaux dans les mains, c'est comme les gens qui aiment conduire et avoir une belle voiture. Ça fait un monde assez heureux et ils sont là pour ça, les membres d'équipage, pour le bonheur. Ils viennent pour être contents et ils ne se plaignent pas quand ils souffrent. C'est ça, un équipage : une communauté d'hommes qui ne se plaignent pas à la première difficulté.

Je naviguais, en course, avec deux chefs de quart, deux seconds. Je misais sur une synergie de complémentarités et de talents. Quand un quart monte sur le pont, il y a un chef de quart et quatre hommes avec lui, et ils font tourner la boutique. Le chef de quart a la préoccupation d'aller le plus vite possible durant les quatre ou six heures pendant lesquelles il est sur le pont. Tout ça est enregistré. En vérité, les quarts, même involontairement, sont en compétition complète. Si le quart d'avant a fait 5 milles de plus que le quart d'après, ils se le font sentir.

Moi, je suis posté à la table à cartes, je surveille, je passe sur le pont, dès qu'il y a une manœuvre à faire, je m'exécute, donc je suis pris H24 ; toutes les six heures, les hommes vont dormir, toutes les six heures ils descendent, ils se restaurent, se réchauffent, vont se reposer. Moi, je n'ai pas d'horaire, je dors quand je peux ; je peux rester dix-huit heures d'affilée sur le pont, à manœuvrer ou voir ce qui se passe.

Un capitaine fait, en moyenne, un minimum de vingt heures par jour.

J'avais, au pied de ma couchette, des instruments. Donc je voyais tout, et même si je ne somnolais que d'un œil, je pouvais savoir comment les choses tournaient.

Je n'ai jamais eu de barreur attitré. Chez moi, tout le monde barrait – même si les niveaux étaient très inégaux. En outre, quand c'est très difficile, un excellent barreur, au bout d'une heure et demie ou deux heures, il a la valeur d'un moyen. À rebours, quand chacun barre, un moyen devient meilleur avec l'habitude !

On reconnaît un bon barreur à la vitesse que prend le bateau. Sur ce point, les instruments sont implacables. Entre un bon et un moins bon, il y a vite 2 nœuds de différence. Je le vois en dix, douze minutes : le marin prend la vague différemment, il est plus habile, il donne de meilleurs coups de barre. Encore une fois, le bon, dans une mer difficile, en une heure, il devient moyen. Ce qui compte, donc, dans un tour du monde, c'est la moyenne. C'est une moyenne qu'il s'agit, en somme, d'améliorer tous les jours.

Comme capitaine, je suis le chef d'orchestre. Mon métier, c'est de voir aujourd'hui et demain ; le métier de l'équipage, c'est de voir – s'ils sont montés à midi et qu'ils descendent à 18 heures – de midi à 18 heures.

Parfois, quand la situation était complexe (mer violente), il a pu arriver que je prenne la barre – parce qu'un barreur, un peu perdu, me le demandait. Je suis bon barreur.

Bref, quand il y a changement de quart ou de barre, le marin qui veut prendre la barre se met derrière le barreur.

Et le barreur lui parle, en lui tournant le dos, et lui dit (par exemple) : « Voilà, jusqu'à maintenant, on a une vague traversière, donc elle t'emmène à l'abatée » (des choses comme ça). Donc l'autre, quand il prend le manche, il a le summum de la condition, quand c'est compliqué. Quand ce n'est pas compliqué, tout le monde le voit tout de suite.

Glisse, cap, vent : l'harmonie

La glisse, le cap, le vent, la parfaite combinatoire des trois, c'est l'harmonie. C'est mon métier, en fait, l'harmonie.

L'harmonie est effective selon les décisions qui furent les miennes : c'est moi qui ai pris la décision du cap, moi qui ai pris la direction de la voile en fonction du vent, moi qui ai pris la décision du parcours… En réalité, je me suis fixé un cadre et, au travers de ce cadre, c'est une recherche perpétuelle de l'harmonie qui va me faire aller le plus vite, le mieux, dans les meilleures conditions, etc.

C'est l'optimisation des possibles des conditions météorologiques, qui sont réelles… Je ne peux pas changer le parcours géographique, mais je ne peux pas changer non plus les conditions météorologiques ;

je dois toujours régler le bateau moi-même dans les conditions qui me sont imposées. C'est un métier qui combine la recherche d'harmonie avec la plus grande précision.

La stabilité du vent n'est pas mesurable : il y a des endroits où la climatologie fait que l'ensemble du vent que je recueille risque d'être relativement le même, quand j'ai les alizés ou des vents similaires… Après, il y a des vents qui sont dus à des systèmes dépressionnaires et qui sont très évolutifs. Un alizé, c'est moins évolutif : dans l'hémisphère nord, il va souffler à partir de l'est vers l'ouest avec des moyennes qui peuvent aller de 8 à 25 nœuds, je le repère très vite et c'est très régulier dans les irrégularités, si j'ose dire. Après, il y a les conditions : est-ce que je suis au nord, au sud de la dépression ? Parce que ce sont toujours des dépressions rotatives… Et ce vent-là, je vais l'avoir combien de temps, deux, trois, quatre heures ?

Je me dois de percevoir l'instabilité ! Je dois tout gérer : les couleurs de la mer, le vent, les dépressions ou pas, afin d'en sortir le maximum de vitesse pour mon bateau. C'est simple.

J'ai devant moi une équation à plusieurs inconnues pour aller le plus vite possible. Je suis le mathématicien en chef qui doit chaque fois résoudre une équation dont, de surcroît, les inconnues varient.

Pour moi, c'est l'inconnu aussi. Je sens que dans ce type de conditions, c'est ça que je vais devoir faire ; je vois que le vent va mollir, il mollit, il mollit, je me dis que je vais peut-être changer de toile et, cinq minutes après, il est revenu à la vitesse, à la direction et à la force qu'il avait… Le « produit » que je reçois du vent n'est pas linéaire : je peux avoir des ruptures, des améliorations, et tout ça est à juger au fur et à mesure, *hic et nunc.*

Les paramètres sont sans cesse en train de changer. Mais quand même, à force de métier, j'arrive à les sentir, je parviens à peu près à comprendre ce qui se passe, si c'est régulier, pas régulier, si c'est orageux… J'arrive à percevoir, c'est bien, et à m'adapter.

Parfois, en mer, j'ai trouvé ce que j'étais venu chercher depuis longtemps : la glisse rêvée. Je l'ai trouvée. Cette élégance ne dure pas, on le sait. Mais c'est comme si je l'avais volée durant deux, trois, trente ou quarante-huit heures. Et cela rend la chose plus belle encore. Surtout à 25 nœuds de moyenne avec des pointes à 30, tout cela sans aucune souffrance. On a l'impression que le bateau ne fait qu'effleurer la mer. C'est un tapis volant, une sensation au fond très orientale – les mille et une voiles. Ne fût-ce simplement que pour ces deux ou trois heures ou ces deux ou trois jours de bonheur exceptionnel vécus, je me dis que je n'ai pas perdu mon temps.

Records *vs* courses

J'ai fait, à partir d'une certaine époque, beaucoup de records parce que je me suis rendu compte que les courses étaient dominées par les organisateurs et plus par les coureurs. Davantage par les premiers que par les seconds. Un comble !

C'est-à-dire qu'il y avait plein de gens qui décidaient ce que j'allais faire alors qu'ils n'avaient jamais couru. De plus, quand je suis rentré du tour du monde en solitaire, mon bateau était devenu trop grand pour aller faire la Route du Rhum. Tout cela parce que ces mêmes « personnes » – je les appelle ainsi, mais j'ai d'autres qualificatifs plus fleuris – avaient fait évoluer les normes.

Je me suis dit que je n'allais pas vivre avec tous ces bureaucrates : c'est pour cette raison que je suis allé faire des records autour du monde. On était deux à le faire : Peyron et moi. Nous nous sommes « barrés » de ce milieu des courses parce qu'il ne correspondait plus à rien de ce que nous voulions, de ce que nous désirions, de ce que nous étions ! Je faisais ça pour l'aventure, pas pour que les mecs m'imposent les idées qu'ils avaient sur la mer. Je n'en avais rien à « battre » de ce qu'ils pensaient. Et l'intérêt du record est que je décide de tout : de quand je pars, de tout… Ce n'est pas une attachée de presse qui va décider de ce qui se passe !

Je cours contre un chrono, c'est difficile parce que le chrono tourne sans cesse. Quand je cours contre un autre équipage et que j'en prends plein la figure, ça me fait marrer. Je me dis : ils en prennent plein la gueule aussi, les autres. Et je vois leur tactique, c'est amusant. Mais quand je cours seul, j'ai mes chronos : c'est impitoyable. Pas de sentiments !

En record, je décide de la stratégie. Autrement dit, le chrono démarre à l'heure à laquelle j'ai décidé de couper la ligne à Ouessant. La course, c'est de 18 à 20 heures, il y a mille couillons au départ et tout le monde coupe la ligne à ce moment-là.

Déjà, sur le seul plan de la préparation météorologique, pour ce qui est du record, je suis en course depuis un mois quand je pars – si j'ose dire. Tous les jours, je choisis ma tactique, le moment optimal selon moi pour le départ. C'est intéressant et je ne suis obligé de tenir compte de personne. Quand je fais du stand-by, je suis rouge, orange, vert. Le rouge peut parfois durer quatre jours où je sais qu'il n'y aura rien de bon ; orange, je suis en train d'apercevoir une fenêtre de tir ; vert, c'est quand ça s'allume et il faut voir si ça s'allume pour un, deux jours, vingt-quatre heures ou sept heures et ainsi de suite... En combien de temps vais-je faire la distance de Brest aux côtes espagnoles avant une rotation du vent ? Il faut que j'aie un enchaînement météo qui me permette de me retrouver rapidement à l'équateur.

Je pars quand c'est bon. Je vais essayer de cumuler l'intérêt du courant, du vent, le reste ce n'est pas grave. Les conditions météo me proposent des choses, et je sais que je vais réussir à faire des moyennes. Et à l'intérieur de ça, il faut que j'aie des convergences. Attention : aucun phénomène ne dure, il se développe. Par exemple, il y a une dépression qui arrive sur Brest, on a du vent de suroît, c'est sur la route, je ne pars pas. Ce vent de suroît, de sud-ouest, il est dans l'axe de la route, puisque pour aller au cap Finistère c'est du 235 – en plein dans cet axe... Je ne vais pas partir le vent dans la gueule. Seulement, comme dans toute dépression, le vent tourne et, après, passe à l'ouest. Et à l'ouest, c'est déjà plus favorable, mais c'est quand même assez près du vent. Ensuite, il passe au nord-ouest. Donc du nord-ouest pour descendre au sud-ouest, c'est du bon travers, c'est rapide. Mais il y a un autre problème : qu'est-ce qu'a été la mer entre-temps, quel type de mer j'ai ? Est-ce que le vent a eu le temps de faire tourner la houle et la mer ? En Atlantique, huit heures après une rotation de vent, la houle commence à prendre le sens du nouveau vent. Donc mon vent est sud-ouest, il est 0 heure : je ne pars pas. Six heures plus tard, le vent est passé ouest. Donc là où la mer était sud-ouest, au bout de douze heures, elle va commencer à être ouest parce que le nouveau front vient de l'ouest. Et après, douze heures plus tard, la mer va passer au nord-ouest. Donc quand je descends vers le sud-ouest, la mer ne m'est plus favorable, elle est traversière, elle ne me pousse pas, mais elle ne me freine pas du tout. Enfin, quand je descends vers les côtes du Portugal pour aller autour du monde, je descends plein sud à ce moment-là, donc le vent est encore meilleur. Et même s'il est au nord-ouest, il est hyper-bon pour moi.

Tout est une affaire de calcul. Tout est encore une affaire de fiabilité des renseignements météo. C'est pour ça que je fais beaucoup de météo avant de partir sur différents sites pour repérer… C'est comme dans tous les schémas de renseignements : quelle est la qualité de la source ? Ma source est bonne, pas bonne, moyenne, fiable, très fiable, pas fiable du tout… Ça fait vraiment partie du métier.

Je fais seul cette préparation minutieuse ou je discute avec un routeur. Par exemple, il peut me dire « Il y a peut-être une entrevue », et je lui dis « Je prends ou je ne prends pas, la rotation de la mer va être trop tardive »…

Il faut toujours s'adapter au réel.

Aujourd'hui, alors même que j'aime bien discuter avec un routeur, nous disposons de sources d'information importantes avec Internet. Ainsi puis-je doubler mes sources. Le problème est qu'à partir du moment où tu entends « Boum ! », le coup de canon, c'est parti : c'est à moi de jouer.

Le routeur, il reste à terre. C'est un météorologue. Parfois il me prévient : dans les vents d'altitude, il se passe telle chose, on va peut-être avoir une ouverture à la fin de la semaine, peut-être lundi… Il me dit ça le mercredi, alors je regarde. Je vois si ça s'améliore ou ça se détruit. Parce que le phénomène météo est vivant. La dépression, ou mon anticyclone, à H, il est dans une forme, mais à H24 il n'a pas obligatoirement la même forme. Et à H48, encore une autre. C'est donc à moi de comprendre l'évolution de la circulation et, partant, le moment dans lequel je dois me glisser.

C'est le seul moment où je vais choisir la météo. En mer, je vais la subir pendant tout le tour du monde. Donc j'ai intérêt à essayer, au cours du seul moment où je peux choisir, de bien choisir. Je vais essayer de partir dans les conditions les plus favorables possible. Si l'anticyclone de Sibérie descend sur la France, ça amène des vents d'est et de nord-est et c'est hyper-bon : je vais descendre plein pot en plus. Cet air froid qui va descendre jusqu'à l'équateur, c'est comme une hache, l'air froid dans l'air chaud : cet air-là va m'accompagner en se réchauffant, bien sûr, mais en étant quand même très dynamique jusqu'à l'équateur, et je vais faire un parcours hyper-rapide. Mais ce n'est pas sûr que l'anticyclone de Sibérie vienne sur la France. Parfois je suis obligé d'attendre, et il ne vient pas. Ou je suis aux prises avec un système qui est moins bon, mais la saison avance, et quand j'ai fait un mois et demi de stand-by en stand-by, je commence à « baliser » et à en avoir marre. L'été va disparaître dans le Sud… Donc je vais arriver dans le Sud, comme ça s'est produit une fois, et je me retrouve avec sept heures de jour et quinze heures de nuit… Donc pour les équipages, c'est plus fatigant. Pour tout le monde, d'ailleurs. Je fais deux quarts de nuit par jour – qui ne dure que huit heures. Le reste du temps, je dérouille. Et ensuite je suis favorisé. Je peux avoir du très mauvais temps comme on a eu parfois, mais j'ai la pleine lune quand je passe le Horn : ça aide parce qu'il fait clair. Je suis quand même très lié à tout ce qui se passe autour de moi. Comme tout ce qui se passe sur mer ou ce qui s'est passé sur mer jusqu'à l'invention du moteur, tout ce que je subis n'est qu'une suite d'événements météo. Rien d'autre.

Quand les historiens parlent de Magellan en disant : « Le 4 février 1612 il part, il arrive le 28 », ou je ne sais pas quoi, ils parlent d'un parcours géographique, mais aucun d'eux ne parle du vrai parcours, qui est le parcours météorologique. Magellan n'avance que parce qu'il a des vents favorables pour faire avancer le bateau médiocre sur lequel il navigue. C'est donc une série d'événements météorologiques. Moi, quand je pars pour faire un tour du monde, j'essaie de partir avec le meilleur événement météorologique possible. C'est pareil. Après je ne peux pas choisir. C'est comme ça qu'une fois j'étais arrivé à Cape Town, on n'avait pas fait une bonne descente, juste médiocre, j'avais des conditions « dégueulasses » et je me suis dit : si je rentre dans le Grand Sud avec ça, je vais perdre quatre jours. Donc je suis remonté à Brest couper la ligne. Mais j'avais quand même engagé presque un mois et demi de mer. Je suis remonté couper la ligne. Et là, un de mes matelots m'a dit : « Si j'étais capitaine on ne ferait pas demi-tour. » Je lui ai répondu : « Ben, c'est pour ça que tu n'es pas patron, qu'est-ce que tu crois ?… » Oui, j'ai bien fait de retourner couper. Je suis, du coup, rentré dans le Sud avec deux jours ou trois jours de moins que si j'y étais rentré avant, si je m'étais obstiné. J'ai trouvé des conditions plus favorables. C'était seulement un peu tard pour la saison.

Il faut avoir cette culture de la mer. C'est énorme ! Et la connaissance mécanique. Les fabricants de cordages font ce que je leur dis. Les gens font ce que je leur dis, ce n'est pas moi qui prends ce qu'ils font. C'est de la compétition, c'est moi qui fais évoluer et avancer le « schmilblick ». C'est moi avec mon expérience. Seul. Irrémédiablement seul.

Risque

Les risques sont faits pour être pris – contrairement à ce que tout le monde dit. Le risque, il est inhérent à la vie, il est biologique, ontologique si l'on préfère. Il faut, pour comprendre, pour appréhender ce phénomène, s'imaginer devant un panneau sur lequel il y a marqué le mot « Risque ». La plupart des individus vont barrer le mot. Moi, je le laisse. Le risque, il fait partie de tout le reste, du décor. Il ne faut pas l'exclure. C'est vrai que sur mon panneau le mot est écrit en gros. Ou, plutôt, il est écrit en caractères plus ou moins gros en fonction du moment. La plupart de nos contemporains, en voyant ce mot-là, ils se mettent à hurler, ils prennent peur et reculent. Il ne sert pourtant à rien de vouloir fuir, c'est toujours inutile et vain de refuser de se colleter au réel – « Le réel, c'est quand on se cogne », disait Lacan. Est-ce qu'il n'est pas plus dangereux de ne pas risquer sa vie ? C'est la seule vraie question. Nos peurs sont-elles et justifiées et justifiables ? À mon sens, il est beaucoup plus dangereux de passer un mois avec des cons racistes (pléonasme !), miteux, que d'être dans des situations extrêmes comme celles que j'ai vécues. C'est beaucoup moins dangereux moralement. On est toujours en danger avec les imbéciles !

Au fond, je n'ai peur de rien. Et je pense, j'en suis certain plutôt, que la peur est mauvaise conseillère, elle n'adresse que des signaux négatifs. Les sentiments humains se tiennent dans la tête, d'autres dans le cœur ; la peur, elle, tient dans le ventre. Quand je récupère d'Aboville près des côtes américaines après sa traversée de l'Atlantique à la rame (où il a été chaviré cinquante fois), il me parle de son ventre. La peur défait, elle ne construit jamais… Elle n'est faite que pour être méprisée et, pourtant, aujourd'hui, elle est presque cultivée. La peur, c'est la ligne Maginot ! Il ne faut pas donner de place à la peur. L'un des grands privilèges de l'esprit, c'est de pouvoir piloter à peu près ce qu'on veut – du moins le présent, et c'est déjà pas mal. La peur ne doit pas être prise en compte dans nos analyses et notre comportement – on peut prendre en compte l'amour, la pitié… pas la peur.

Aller au risque, c'est toujours emprunter la voie la plus dure, mais elle emmène quelque part. Les voies faciles n'emmènent nulle part. Je le pense et je l'applique. C'est mon savoir-vivre.

Ce que j'aime, dans la vie, c'est décider, ne pas laisser les événements ou les éléments décider à ma place. Intervenir ! La navigation, donc, est un art de l'équilibre. Il ne faut jamais se laisser emmener par les éléments, il faut aller avec, il faut tenter de les accompagner et de les comprendre. D'abord, je refuse toujours de me laisser emmener – c'est un principe de vie !

II

HOMMAGE

Magellan et le premier geste de la mondialisation

Le plus grand, c'est Magellan. Je m'y suis intéressé à 60 ans. Dans les livres. C'est le plus captivant. Et de loin.

Quand Christophe Colomb accoste l'Amérique, en fait, il ne change pas vraiment de lumière : il part des côtes du Portugal au printemps et il arrive en vue de la Caraïbe, la mer est à peu près de la même couleur, elle est presque bleu ciel, c'est paisible. Alors que Magellan, quand il fait route vers le sud, avec des marins d'origine portugaise et espagnole, c'est une tout autre histoire, parce que la mer devient verte et elle devient noire, et elle devient froide… Et on n'est plus dans les mêmes lumières, on n'est plus dans les mêmes mondes, et quand il s'arrête à 400 milles au nord de ce qui va devenir le détroit de Magellan et qu'il y a la révolte et que tout le monde a peur, ils sont dans des mers qu'ils ne connaissent pas et dans des climatologies dont ils n'ont pas de culture réelle. On peut emmener des gens facilement dans des décors où la lumière est la même tout le temps, mais quand ça devient noir, vert, hostile, avec des tempêtes, des marées énormes, des courants, ça engendre chez les équipages des formes de frayeurs. Comme ces expéditions-là sont bénies par le pape – et cette dimension spirituelle n'est pas, tant s'en faut, anecdotique, elle a son poids, sa signification –, qui a divisé le monde en deux, une partie pour les Espagnols, une autre pour les Portugais, les matelots y vont parce qu'ils ont la foi du charbonnier, mais les expéditions sont effectivement difficiles. Il faut des équipages très rustiques, parce que, en fait, à terre, en escale, il faut aller chercher du bois, il faut aller chercher de quoi manger, il faut chercher de quoi naviguer… C'est d'une complexité énorme. Ça demande un engagement physique et psychologique excessivement important des équipages, sur lesquels règnent quand même toutes les craintes que la Terre soit plate, que tout à coup on tombe à tout jamais dans une sorte d'infini… C'est très, très aventureux.

C'est vraiment la découverte ! Quand on parle de découverte, nous y sommes.

C'est le premier geste de la mondialisation… Le bateau part pour faire le tour du monde. Personne n'avait fait le tour et ce n'est qu'en faisant le tour qu'on se rend vraiment compte qu'elle est ronde, la Terre.

Il est important, pour comprendre les enjeux, de se télétransporter dans les cerveaux de l'époque. Il s'agit, en quelque sorte, d'en saisir l'abnégation. La force.

Magellan est mort en cours de route, mais il avait la notion de cette terre ronde. De toute façon, entre les continents, il y a de la mer, donc il n'y a qu'en passant les mers qu'on fait le tour. On ne peut pas faire le tour du monde à pied sec.

L'engagement d'un Magellan est énorme, énorme ! C'est du jamais fait ! C'est extraordinaire !

Ça demande des grosses qualités de marin. Ah, il faut être bon ! Les bateaux ne vont pas vite. La moyenne de Magellan, entre le départ jusqu'aux îles du Cap-Vert ou à peu près, est de 3 nœuds. Et après, sur le tour du monde, il est à 2 nœuds. Donc en moyenne de la vitesse du bateau, il fait 48 milles par jour, ce qui fait, soyons précis dans l'incertitude, 88,896 kilomètres, c'est très peu, mais en même temps en dix jours il a fait presque 900 kilomètres et, en cent jours, neuf mille. C'est très peu, mais c'est énorme pour l'époque. Quand tu fais du nord-sud tous les jours, tu perds de la température, ou tu perds de la lumière, ou, si c'est l'été, tu en gagnes. Personne n'a raconté à cet équipage d'hommes rustiques que c'était possible de le faire.

C'est la « Nasa » de l'époque, ces grands aventuriers-là. Les Magellan et suivants sont les plus cultivés, les plus intelligents, ceux qui ont réfléchi, mais ça n'empêche pas que c'est de la Nasa en sabots de bois, il faut un courage énorme…

Ces grands marins ignorent vers où ils vont. C'est un engagement… Aujourd'hui, quand les gens font une expédition, ils ouvrent les sachets lyophilisés et regardent la carte satellite : ça n'a rien à voir.

Quand je dis que Colomb a moins de mérite, qu'il m'impressionne moins, je le répète parce que c'est important, c'est qu'il demeure dans les mêmes lumières, c'est-à-dire les mêmes qualités de mer.

L'est-ouest, c'est toujours plus facile que le nord-sud. Le nord-sud, on passe quand même du climat de l'Algérie à celui de la Norvège : c'est ça, le nord-sud. Toute cette navigation-là se fait à l'étoile. Elle se fait au soleil. Ce sont des points approximatifs. Ils sont bons, parce qu'ils arrivent quand même à faire des cartes cohérentes dans ces années-là. Quand on va au musée de Lisbonne, où il y a ce qu'on appelle les « portulans », qui sont les cartes des années 1500 et quelques, ce qu'on voit est quand même pas mal. Les mecs avaient réussi à faire une cartographie cohérente. C'est impressionnant, ça, parce que ça demande une énorme énergie, il faut de la volonté, il faut de la connaissance, il faut de l'âme, parce que Magellan est obligé de tuer les capitaines qui se sont révoltés contre lui. Ce n'est pas l'opération *Bisounours qui découvre la nature* !

Tout est difficile, tout est compliqué, tout demande une énergie colossale. C'est quand même hyper à embûches ! Je pense qu'il nous est difficile d'imaginer la complexité de tels parcours dans ces conditions. Je crains qu'on ne puisse plus mesurer aujourd'hui l'effort physique, intellectuel et spirituel que cela demande. Quand il faut en plus dessouder des mecs, etc., il doit y croire !

Mais tout ça est quand même sous-tendu par la légitimité du droit divin et l'autorisation du pape. C'est-à-dire qu'il y a dans toute cette aventure périlleuse une foi… C'est sous-tendu par l'idée de la conquête religieuse et de la volonté de Dieu. C'est très particulier.

D'ailleurs, Magellan ne fera pas le tour, comme je l'ai dit, il sera tué avant. L'expédition fait le tour, mais Magellan n'arrivera pas vivant.

Les hommes qui composent ces équipes-là sont animés d'un formidable désir et d'une foi. Ils sont structurés, ils y croient et ils font. C'est parfait !

Ce sont des bons marins, mais c'est de la marine rude.

Les bateaux de l'époque ne sont pas si mal fabriqués puisqu'ils arrivent à faire le tour du monde, mais ils remontent le vent comme la fumée le fait. L'expression « vent favorable » est vraiment significative. S'il n'y a pas de vent, ça ne bouge pas : 2 nœuds de moyenne. Un nœud ça fait 1 852 mètres, donc ça fait 3,700 kilomètres de moyenne… Ce qu'il est captivant de noter, et l'histoire ne le note pas du tout, c'est la météo. Or, en fait, ce tour du monde est une succession d'événements météorologiques favorables, puisque ces pilotages ne fonctionnaient pas contre le vent…

Parfois je me demande quelle était la météo à l'époque : est-ce que les vents dominants étaient les mêmes qu'aujourd'hui ? Il n'y a pas vraiment d'études réalisées là-dessus. J'ai déjà parlé à des gens qui font de la paléoclimatologie, mais on n'a pas des résultats énormes, on sait très peu de choses…

Les livres de bord, ça ne suffit pas à mon avis. Les livres de bord indiquent la progression, ils n'indiquent pas les conditions. Et je devine que le tout marchant à 2 nœuds, ce n'est quand même pas fabuleux…

Mais ces équipages ont quand même trouvé les chemins, les routes. Quand ils sont arrivés en Amérique du Sud, ils ont testé toutes les entrées. À un moment, quand ils sont entrés à Buenos Aires, ils ont pensé que c'était là le passage : ils sont rentrés très à l'intérieur, et ils ont vu que l'eau devenait douce, donc il n'y avait pas de passage. Ils ont vécu des angoisses, quand même, des inquiétudes, des fatigues, des craintes. Et quand on va vers le sud et que l'hiver arrive, la nuit… Autant en été, il fait jour longtemps, autant en hiver il fait très peu jour, il fait froid, c'est hostile…

Il ne faut jamais oublier les croyances associées à la nuit…

C'est-à-dire qu'ils voient le soleil décliner, décliner, décliner… Quand on se trouve dans ces latitudes-là, on peut avoir des nuits de seize ou dix-sept heures… Et si le soleil disparaissait ? Et si l'enfer était là ? Et si Satan apparaissait dans la nuit, qui deviendrait perpétuelle, infinie ?

Quand on monte en Norvège en hiver, la nuit est permanente. Pareil dans le Sud, c'est parfaitement symétrique de ce point de vue. Ce qui m'intéresse, c'est qu'effectivement, comme je parlais de la foi, il devait y avoir des frayeurs qu'on n'a plus aujourd'hui, parce qu'on sait, nous, que le soleil se lèvera toujours le lendemain matin. Mais eux pensaient peut-être que la nuit totale était arrivée dans ces cas-là… La nuit totale de la mort.

Culturellement, tant qu'on n'a pas vécu tout ça, c'est quand même un point d'interrogation, et c'est même un point crucial…

Ce qui est fabuleux, c'est que, pour utiliser l'expression, ils ont « ouvert » des routes. C'est-à-dire qu'ils faisaient de la reconnaissance géographique – personne n'avait fait de reconnaissance géographique avant que Magellan découvre le détroit qui va porter son nom…

Et aujourd'hui encore les routes sont les mêmes, puisque ce sont les points de crêtes : on suit les crêtes.

Le parcours géographique est le même aujourd'hui. Il n'est pas sûr que le parcours climatologique soit équivalent, en revanche.

La Terre n'a pas beaucoup changé en quatre cents ans. La dérive des continents doit être de quelques centimètres par an… Donc des années 1500 ou 1600 à maintenant, les parcours sont les mêmes.

Bougainville prendra les mêmes routes et les autres marins à sa suite. Bougainville, c'est plus tardif, il a fait le tour du monde pour une fleur, en fait. Mais c'était plus facile pour lui : il savait déjà par où il allait. Il fut moins défricheur que Magellan.

Et puis les bateaux évoluent beaucoup entre le XVe et le XVIIIe siècle. C'est moins archaïque. Il y a des ingénieurs qui se sont penchés sur la question. Les bateaux qu'on construit au XVIIe-XVIIIe n'ont plus la même gueule que les bateaux de Magellan.

C'est d'ailleurs la force de la construction navale qui permet, par exemple, l'apogée d'une république comme celle de Venise. Ils ont pu aller partout, jusqu'à Constantinople, en bateaux, parce qu'ils avaient une flotte : l'arsenal permettait la fabrication de bateaux très rapidement. Ils ont eu la flotte la plus importante de Méditerranée.

Mais la Méditerranée, ce n'est pas de l'océan, c'est la mer Méditerranée. Elle porte bien son nom. Une mer, c'est fermé ! C'est de la navigation petits bras. Il n'y a pas d'ampleur. Ça n'a rien à voir avec le grand Pacifique Sud. D'autant que quand on part du Portugal, il est bien évident que le Pacifique, c'est vraiment l'inconnu majeur, la première fois, l'inconnu puissance mille…

C'est Magellan qui le nomme Pacifique. Pour lui, il l'est, parce qu'il récupère les latitudes simples, faciles, et, du détroit de Magellan, il remonte vite vers le nord, il récupère les alizés et là il se trouve dans un monde qui est incroyablement pacifique, justement. Il fait escale dans la partie est de l'île de Pâques, qui est déjà bien « remontée » en latitude, et après il roule ma poule… Il l'appelle le Pacifique parce qu'il vit dans un monde où il n'y a pas de dépression !

Le point le plus au sud où Magellan soit descendu, c'est en dépassant le détroit qui aujourd'hui porte son nom. Après, il remonte dans le nord plein pot. Ces hommes vont trouver des latitudes différentes. Il faut qu'ils aillent chercher des vents qui les emmènent vers l'ouest. Quand on passe Magellan, en dessous ce sont des vents d'ouest, donc on ne peut pas aller contre le vent – comme je l'ai dit, les bateaux de l'époque sont inefficaces contre le vent. Mais ils peuvent aller vent de travers. À 2 nœuds. Deux nœuds de moyenne quand on a le temps, ça va, quand on a des vivres et tout ce qu'il faut. Mais autrement… Les gens savaient quand même faire du salé, entreposer des viandes dans des barriques… Des haricots secs et autres saloperies… Bref, c'était l'aventure poussée à l'extrême. Énorme !

Les Portugais et les Espagnols étaient les meilleurs marins de l'époque. Les plus aventureux, sûrement.

C'est le monde portugais et espagnol qui a ouvert les voies navigables connues aujourd'hui. Sans eux, nous serions des ignares.

III

EFFETS DE MER

Anticyclone

C'est un phénomène de haute pression. Et ça s'appelle « anticyclone » parce que ça tourne… Tout phénomène météo est une rotation. La dépression est une rotation à l'inverse des aiguilles d'une montre et l'anticyclone tourne dans le sens des aiguilles d'une montre.

Tout se passe en hémisphère nord.

Dans le Sud, c'est l'inverse, à cause du Coriolis (nom d'un mathématicien français). Le Coriolis, c'est une déviation… On remplit son évier en hémisphère nord, il y a une rotation qui va se faire et l'eau va tourner dans un sens. Alors que quand on va le remplir dans l'hémisphère sud, l'eau va tourner dans le sens inverse. C'est la déviation de Coriolis.

C'est la déviation de Coriolis qui fait faire la rotation aux alizés et qui fait la rotation dans le Sud. Les systèmes météorologiques dans le Sud sont à l'inverse de ceux du Nord, c'est tout.

Dans le tir au canon, on ne tire pas avec des obus qui portent à 25 kilomètres de la même manière en hémisphère nord qu'en hémisphère sud. On est obligé de tenir compte de la déviation de Coriolis. On va tirer du centre de Paris vers Neuilly, il faut avoir intégré que son obus aura tendance à aller un peu plus à gauche que là où l'on a pointé. Si on tire vers Strasbourg de Paris, il faut savoir que l'obus va aller un peu plus à droite. C'est la déviation de Coriolis.

Cartographie

Sur l'ensemble des océans, qui représentent les deux tiers de la surface terrestre, 24 % sont cartographiés, là où la circulation est la plus dense. Pour le reste, les 76 % restants, il y a des sondes. Des sondes à 2 000, 3 000, 4 000, 5 000 mètres, mais il n'y a pas la cartographie. Aujourd'hui, la plupart des navires vont toujours dans les mêmes endroits. Certes, le Cap Horn est cartographié et peu de bateaux s'y rendent, mais la cartographie autour du pôle Sud n'est pas complète. De même que le passage vers l'Amérique du Nord, le passage du Nord-Ouest qui fait passer au nord du Canada quand la glace a fondu, est cartographié depuis peu, parce que lorsqu'il y avait la glace, les bateaux ne pouvaient pas y aller. Et quand la glace a fondu et que les bateaux ont pu faire le passage, là ça a été cartographié plein pot.

Vingt-quatre pour cent, c'est peu, mais ce sont des zones où ça circule beaucoup. Il y a des endroits où, maritimement, c'est comme la place de la Concorde, et des endroits maritimes où c'est aussi peu fréquenté que l'intérieur des forêts françaises. C'est logique.

Je suis allé moi-même cartographier. J'ai cartographié la Guinée-Bissau, les côtes d'Afrique, l'entrée de Saint-Laurent-du-Maroni, une partie de la Caraïbe qui ne l'était pas, une partie des côtes mexicaines, un peu, les Tuamotu en Polynésie, les îles Marquises… Dans les îles Marquises, il n'y a que les baies du Sud qui étaient cartographiées, les autres ne l'étaient pas : nous sommes allés cartographier tous les détails.

Quand le parcours n'est pas cartographié, nous avons des tendances. Des lignes de sonde ont été réalisées. On sait, par exemple, qu'on a 2 000, 3 000 mètres de fond… On sait qu'il n'y a pas d'île, pas de haut-fond… Tout est sur l'ordinateur embarqué.

Dépression

C'est un phénomène qu'on arrive à mesurer, mais qu'on n'arrive pas à anticiper : une dépression, personne ne sait comment elle se crée. On la constate, on la mesure, mais on ne peut anticiper la dépression que quand elle a commencé à exister.

Nous sommes bien ignorants d'un certain nombre de phénomènes météo. On n'en a pas l'analyse, l'analyse technique. On en a la mesure dès que ça existe, mais pas l'analyse, on ne peut pas dire : dans quinze jours il y a une dépression qui va partir de là, ce n'est pas vrai.

On peut analyser un système et cette analyse est valable en fonction des lieux un jour, deux jours, trois jours, quatre jours, cinq jours, six jours parfois… sept jours quand sont répertoriés des mouvements très typés, mais c'est tout. Après, on a l'analyse météorologique et la climatologie. La climatologie est la science du climat, le climat étant la conséquence de la météorologie. Donc la climatologie, c'est ce qui permet de dire qu'en juin, juillet, août, septembre, il n'y aura pas (ou peu) de neige sur la Côte d'Azur ; par contre, en février, nous pouvons avoir une matinée de neige ou un petit peu de neige sur le nord de Marseille. Ça, c'est la climatologie. Et après, il y a la météorologie.

Dans l'espace climatologique, quel est le phénomène météorologique qui existe à ce moment-là ? C'est-à-dire est-ce qu'il y a une dépression, un anticyclone ?

Ce n'est que météorologique, un tour du monde. Et la qualité du marin, c'est de comprendre ces phénomènes, de s'adapter à eux pour que la glisse soit optimale.

Donc un grand marin, c'est un type qui est capable d'anticiper et de se servir de phénomènes météorologiques, si on veut en donner une définition claire, nette et précise.

Les renseignements sont valables au maximum pour une semaine, et encore c'est faux, plutôt quatre-cinq jours. Avec ces renseignements, on tente d'analyser où se trouve la meilleure route ! Les phénomènes de dépressions, les hautes pressions vont donner des vents différents puisque les hautes pressions donnent des vents dans un sens et après plus de vent du tout, et les dépressions donnent des vents qui peuvent être très forts dans des sens différents. Et à l'intérieur de ce système, appliqué au parcours géographique mondial, il faut qu'on circule, en sachant qu'on ne peut pas sauter par-dessus l'Afrique. Donc on négocie en fonction des différents phénomènes. Il y a une route obligatoire. Si on fait le tour du monde, on ne peut pas passer par-dessus l'Afrique ou à travers le canal de Panama, donc il y a une route obligée. Sur cette route vont se développer de façon factuelle un certain nombre de situations météorologiques différentes, qui vont la rendre rapide ou impraticable, on peut rencontrer toute la gamme des phénomènes météo. À l'approche de ce parcours, il faut choisir le mieux possible l'endroit où l'on va passer pour avoir la meilleure rentabilité. Donc il y a ce qui est, ce qu'on analyse et ce qu'on décide de faire. C'est un métier dans lequel on prend une décision comme à la Bourse : c'est toutes les trois heures. C'est caricatural, mais toutes les trois heures je dois décider : est-ce que mon cap est bon ? Est-ce que je suis dans la bonne direction ? Est-ce que le phénomène est permanent ? Est-ce qu'il est en train de grossir ? Est-ce qu'il est en train de diminuer ? Est-ce qu'il est en train de s'atténuer ? Est-ce qu'il se déplace vers l'ouest ? Est-ce qu'il se déplace vers le nord ? Est-ce qu'il se déplace vers le sud ? Est-ce qu'il se déplace en même temps que moi ? Est-ce qu'il fait la même route que moi ? Est-ce qu'il s'amplifie, ou est-ce qu'il diminue ? Je peux me retrouver prisonnier d'un phénomène que j'accompagne tout le temps. Là, je suis comme un abruti si c'est un anticyclone, je vais me retrouver bloqué sans vent pendant des jours. Mais c'est comme ça. Je choisis, je réfléchis et j'essaie de m'en sortir au mieux. J'ai des plages de risques plus ou moins élevées en fonction de la zone où je me trouve, des types de météorologie qui s'imposent à moi, j'ai des risques de calme ou de tempête. Donc je passe mon temps à analyser : je remonte nord, je descends sud, là j'ai un système qui m'oblige à aller piquer vers le sud sinon je vais avoir le vent dans le nez, et ainsi de suite. Je passe mon temps à peser et soupeser l'ensemble des phénomènes météorologiques, leur variété, leur position, leur puissance et leur déplacement.

C'est dans le Grand Sud que je subis le plus et que je choisis le moins. Parce que ce sont les dépressions qui m'arrivent par l'arrière et elles me propulsent vers l'avant : donc je choisis très peu. Quand je fais du nord-sud, je choisis beaucoup l'endroit où je vais couper l'équateur, la zone… l'équateur, si je le coupe entre 28 et 31 ouest, j'ai quatre-vingt-dix chances sur cent de rencontrer ce qu'on appelle le « Pot au noir ». Si je le coupe à raser l'Afrique, je peux me retrouver embourbé sans vent pendant une semaine, et ainsi de suite.

Dans le Pot au noir, il n'y a plus d'air, il y a de l'orage. Ce sont des zones que je dois éviter, parce que si j'y vais, je vais me retrouver piégé sévèrement. C'est un haut risque de couper là. Et je vais me retrouver du mauvais côté de l'anticyclone pour descendre vers Cape Town, donc j'ai intérêt à jouer l'ouest plutôt que l'est.

Dans certains endroits du globe et dans certaines configurations particulières, quand ça ronfle, que ça déferle, c'est le ronflement de l'éternité qui est derrière moi. Quand je suis dans le Sud, j'ai des dépressions musclées derrière moi, ça souffle à l'année là-dedans, tout le temps, j'ai des dépressions tout le temps, ce sont des zones très ventées. Ce sont les mêmes mers depuis deux, trois, six cents, mille ans : c'est hostile. J'ai l'impression qu'on me dit de me « casser » de là. J'ai cette sensation physique. De la météorologie hostile.

Je fais actuellement des recherches personnelles sur la météorologie et je me rends compte que nous n'avons pas de paléométéorologie. C'est-à-dire qu'on me dit qu'il y a eu des glaciations, parce qu'on le retrouve dans les roches et les carottages qu'on fait, mais on ne sait pas grand-chose. La seule chose qu'on sait, c'est qu'à Marseille on a découvert une grotte dont l'entrée est à plusieurs mètres sous l'eau et, à l'intérieur, des peintures rupestres présentent des aurochs. Donc ça veut dire qu'à un moment donné le niveau de l'eau était à plusieurs mètres en dessous du niveau actuel : ça, c'est une réalité.

Pour les trois quarts des gens, la mer, c'est le morceau bleu qu'ils voient assis sur leur transat. Ça n'a rien à voir, c'est un monde très complexe.

Personne, à propos de ces migrations polynésiennes, ne s'est penché sur la réalité météorologique du système. Or, c'est ce système-là qui a été déterminant. Quand Magellan fait le tour du monde, comme je le disais, tout le monde ne voit que le tour du monde géographique. Ce qu'on oublie, c'est que ce tour du monde n'est qu'une succession d'événements météorologiques : s'il n'y a pas de vents du tout, il ne va pas jusqu'au détroit de Magellan. Donc il y va avec les vents qu'il trouve. Et c'est tout.

Magellan s'appuyait sur une géographie. Or, cette géographie est toujours la même.

Les routes empruntées sont toujours les mêmes.

Si on fait le cumul de la grande période où les bateaux allaient en Australie en faisant le tour du monde sans passer par le canal de Panama, donc jusqu'en 1914, on s'aperçoit que l'essentiel du tracé des navigations est le même… Il suffit d'observer les cartes, les mappemondes de National Geographic, où il y a toutes les crêtes des montagnes au fond de la mer. Eh bien, le parcours suit précisément celui de la crête des montagnes. Il le suit parce que l'océan n'est pas le même en surface à l'ouest ou à l'est, au nord ou au sud d'une crête. C'est assez cohérent dans la mesure où un océan, c'est une température, c'est des mouvements, des courants, qui sont bloqués par l'effet de montagnes, donc chaque partie d'océan va dégager une partie de correspondance météorologique en fonction de sa température ; les vents vont se développer de façon différente selon qu'on se trouve d'un bord ou l'autre de la crête de montagnes, à peu de chose près, ce qui est logique. Comme à terre, en somme. Mais on ne peut pas l'imaginer vu que tout ça est recouvert. Personne, d'ailleurs, ne l'a imaginé, mais quand on a fait tous les tracés et qu'on les a reportés sur cette connaissance qu'on avait des océans, on s'est aperçu que ça passait dessus. C'est tout.

Aujourd'hui, pour aller en Amérique, à la différence de Colomb, les gens passent beaucoup plus nord. Mais ce sont des routes un peu météorologiques. Quand je vais vers New York à certaines périodes de l'année, je prends une route très nord parce que je vais me retrouver dans le nord des dépressions, donc avec des vents d'est, mais il va faire nuit, il va faire froid et puis il y a de la glace… Les routes météorologiques existent.

Un exemple, puisque je l'ai fait. Je prends *Alchimiste* pour aller tourner pour « Thalassa » à Saint-Louis du Brésil, où on a rendez-vous. Saint-Louis du Brésil est près de l'entrée de l'Amazonie. Il y a deux routes. Il y a l'orthodromie, qui me fait passer par les Açores, ça veut dire que je quitte Brest, je vais vers les Açores avec des vents plutôt dans le nez dans l'ensemble, d'est-sud-ouest, et après j'arrive à peu près avec vent de travers en ayant traversé l'anticyclone des Açores sur Saint-Louis du Brésil. La route fait 400 milles de moins que si je quitte Brest en descendant, longeant le Portugal, dans ce qu'on appelle les « alizés portugais » (les vents de nord) ; après je récolte les alizés et ils vont m'emmener, vent portant, vent dans le dos, jusqu'à Saint-Louis du Brésil. D'un côté j'aurais fait 400 milles de moins, et de l'autre, si je prends le côté des alizés, je fais 400 milles de plus.

Si je prends la route des alizés, dès que je vais être arrivé au large du Portugal, pour peu qu'il y ait de bonnes conditions, les vents de nord vont m'accorder un petit clapot qui va me rapporter à peu près un mille par heure, soit 24 milles par jour et cela sur une route plus longue, mais soumise tout le temps à des vents favorables. Donc au final, je vais faire 400 milles de plus, mais en dix, douze jours les vents favorables m'économisent les 400 milles que le parcours météorologique m'oblige à faire. Ma consommation va être à peu près la même sauf que mon voyage par le sud est beaucoup plus agréable, il est confortable, c'est ensoleillé, le bateau est top dans le clapot. Et moins le bateau travaille, plus c'est agréable, il fait beau…

Écologie

Le mot n'est pas à mettre dans toutes les bouches. Il cache des ambitions, des ignorances et des combats agaçants. Toutefois, il faut bien reconnaître aussi que certains d'entre eux sont justifiés. Certes, les « écolos » m'énervent, mais ils furent aussi très utiles. Il est en vérité délicat de nier leurs combats.

On ne peut pas reprocher aux écolos de nous avoir parfois montré la lune du doigt – même si nombre d'entre nous n'ont vu que le doigt.

Après, il y a les « escrologues », ceux qui se sont emparés de l'écologie pour exister.

L'augmentation du nombre d'habitants sur la Terre implique qu'on ne puisse plus jamais se conduire comme jadis. C'est une certitude. Il n'y a plus de place pour se tenir comme des cochons. Il y a une obligation civile – civilité puérile et honnête – de bien se tenir et de ne pas souiller. Lorsque j'étais enfant, quand on avait fait la vidange des bateaux de pêche, l'huile finissait dans le port ou dans la mer – et cela paraissait normal à tout le monde ! Aujourd'hui, c'est impensable. Les gens ont appris que ce n'était pas bien. Mais ça leur a été appris, enseigné. Affaire donc de culture, de comportement. D'où les bienfaits d'un discours écologique. Le désir de la formulation des codes qui consiste à respecter la nature – ce qui nous entoure –, ce désir affiché, promu, étiqueté est, à mon sens, salutaire. Autant, il y a vingt ou trente ans, je trouvais les écolos énervants, autant, à l'heure où nous parlons, je me rends compte que mon jugement était téméraire et qu'ils avaient raison.

Il y a un crime de l'humain à l'égard de la nature. Le discours écologiste, même avec ses excès, permet la prise de conscience.

Enfant, je vivais dans la nature, je ne me rendais pas compte de la pollution. Rendons hommage à ceux qui furent des lanceurs d'alerte. Nous leur devons beaucoup.

Je suis passé en Géorgie du Sud où demeurent les vestiges des grandes stations baleinières. Eh bien, ça sent le crime, c'est effrayant. Là furent tuées des milliers de baleines. On peut encore voir des sortes de tronçonneuses à vapeur dont les lames font 5 ou 6 mètres de long. Des années après, l'odeur qui règne est celle de la malédiction. Il subsiste des ossements et des outils qui rouillent. C'est très impressionnant.

Comme tout le monde, les Polynésiens sont devenus respectueux du paysage. Il y a cinquante ans, quand on voulait se débarrasser de quelque chose, on « jetait au lagon » – pour utiliser leur expression. Aujourd'hui, c'est fini, ils ont pris conscience eux aussi.

Cette conscience a pris très vite, sur la planète. Elle s'est entendue rapidement. Il y a eu partout des prêcheurs de l'écologie plus ou moins sincères, certains scientifiques à la mie de pain qui prétendaient des choses pas obligatoirement vraies, mais faisaient semblant de savoir afin d'épater les populations. Quoi qu'il en soit, chacun a réfléchi, s'est interrogé sur son comportement et c'est heureux pour la nature.

Effet de mer

C'est l'ensemble des vagues, l'ensemble des clapots. Tous vont avoir un effet sur le comportement de la coque, ça va pousser à gauche, à droite. On peut avoir de la mer de l'arrière qui pousse très bien et de la mer de côté qui fasse perdre de la route chaque fois et qui puisse même être dangereuse. Le capitaine est toujours en train de voir où est le meilleur passage, il cherche un passage sur la mer qui soit le plus optimal pour son bateau.

L'effet de mer, c'est la conséquence du vent. La mer est toute plate. J'arrive dans une zone où il y a eu de l'orage. L'orage, c'est stationnaire, ça reste et puis ça part, c'est un truc qui se déchaîne à un moment donné et qui disparaît après. Tant que je n'étais pas dans l'orage, la mer était toute plate. J'arrive dans la zone où il y a l'orage et la mer est toute cabossée. Ça crée des vagues dans tous les sens avec des vents qui ont soufflé aussi dans tous les sens. Le même bateau, avec le même vent, le même angle de vent, sur mer plate, va rouler par exemple à 19-20 nœuds, avec 11 de vent, mais arrivé dans le clapot il va perdre 3 nœuds : c'est les effets de vagues. De même que je vais perdre de la vitesse quand je roule dans un chemin de ferme avec des nids-de-poule.

Mémoire de la mer

J'ai souvent pris du plaisir à l'immédiateté de la mer. Je m'explique. À terre, le décor est transformé par un chemin, un arbre, une maison, une plante, un accès, un escalier. Il y a toujours une trace… Ne serait-ce que celle du vent qui fait gonfler le sable. Quand il pleut, il y a des flaques d'eau. Sur la mer, il n'y a aucune trace. C'est irrémédiablement vierge. Inéluctablement vierge. Dès que la pluie cesse, tout est effacé. Les vagues ne laissent pas de traces. Il n'y a que la trace du moment. La trace du temps lui-même. La trace du sentiment du temps lui-même. Si le vent souffle, la mer va gonfler, la vague prendra telle ou telle forme, et puis tout s'effacera, il n'y a rien de pérenne. Ou alors seulement avec les grosses houles qui transportent la trace de ce qui a pu se passer à des milliers de kilomètres de là en levant une mer énorme qui arrive jusqu'à nous. Mais cette infime trace va mourir, il n'y a pas d'éternité dans les mouvements que le vent imprime à la mer, ce ne sont que des oscillations. De l'infini pur.

Tôt ou tard, la mer efface les traces, tout est neuf à la surface de l'océan, tout ce qu'on peut y voir vient de maintenant, parfois d'hier, et ne survivra pas demain. Le passé est très proche, le présent a sa densité (du vent, pas de vent, de la lumière, pas de lumière, la nuit, le jour), le futur n'existe pas, il est indéterminé. L'infini n'a pas d'âge !

J'ai toujours eu la sensation que la surface de l'océan était neuve, éternelle. Eh oui, infinie, je le répète. Cette étendue d'eau qui bouge ou pas recèle toutes les quiétudes du monde. Tous les silences. Dans le calme plat, on a l'impression que c'est l'océan qui se referme dans le silence. On arrive à se retrouver englué dans des morceaux de silence du monde. La terre n'apporte pas ça – du moins, selon moi. Elle a une mémoire. La mer, non. Juste cette eau qui se referme sur le silence de ses profondeurs. J'aime ce compagnonnage avec cet océan qui gronde souvent et se tait tout à coup. La mer a le même caractère que moi !

Mer alignée

Si le vent souffle du sud-ouest pendant dix heures avec force, il va se créer une houle de sud-ouest. Le vent va après passer à l'ouest. Donc douze heures après que le vent est passé à l'ouest, la mer va être alignée différemment, la houle va venir de l'ouest puisque la force du vent souffle de l'ouest, et après, quand le vent continuera à tourner, la houle, douze heures plus tard, va être orientée au nord-ouest, c'est tout. Et comme les effets de mer et de vagues et de houle sont créés par le vent, ils se modifient en fonction de sa rotation. Or, une dépression est une rotation du vent. Le vent commence à souffler toute une dépression : c'est un cercle. Donc quand la dépression aborde le bateau, les premiers vents qui le touchent lui donnent sud-sud-ouest et ainsi de suite. D'où l'alignement.

Mer rangée

Ça ne veut pas dire qu'il n'y a pas de vagues, ça veut dire que les vagues sont dans le même sens.

Ce n'est pas nous qui la rangeons, la mer, c'est elle qui se range elle-même. Quand ça a soufflé pendant un certain temps, la vague est créée en fonction du vent.

Le vent crée des conditions où la bande de roulement est bonne et d'autres où elle ne l'est pas.

La mer se range en fonction de la direction du vent, et quand le vent tourne, elle se range. Mais elle se range avec du retard. Il faut une douzaine d'heures pour que la houle qui était de sud-ouest passe ouest, et pareil, il faut une douzaine d'heures pour qu'elle passe au noroît. Or, en multicoque, la houle est hyper-importante, c'est ce qui permet la glisse. Donc je surveille toujours ces rotations pour partir avec le maximum de glisse dans le vent, mais surtout avec la forme de mer et de houle qui va me permettre de foncer le plus vite possible.

Navigation et réchauffement climatique

En 1993, on avait repéré, nous, autour du monde, qu'en fait on avait plus de calme et plus de mauvais temps. Pas de mauvais temps plus fort : plus de mauvais temps. C'est-à-dire que quand on regardait le panel météorologique possible, c'étaient les extrémités qui étaient renforcées, et ce qu'on appelait la « tempérance » du milieu qui était vraiment affaiblie. On avait repéré ça, et ça s'est assez confirmé depuis.

Profil de mer

La mer change de gueule, elle change de profil. On ne roule pas sur un terrain plat, mais, en quelque sorte, sur une bande de roulement… disparate, inégale, heurtée. Donc cette bande de roulement est chaotique. Il peut y avoir des vagues de 18 mètres ou des creux de 18 mètres sur la même bande de roulement. L'engin emmené vite sur une bande de roulement plate doit aller vite aussi sur une mer déchaînée. C'est le challenge.

Vague

C'est le vent qui fait la mer ; s'il n'y a pas de vent, il n'y a jamais de vagues. Quand on voit arriver sur Hawaï ou Tahiti des vagues qui font 6 mètres de haut, c'est que quelque part ça a soufflé à 3 000 kilomètres de là ; la houle fait des kilomètres et des kilomètres… La vague, c'est la mémoire du vent !

J'ai une réponse visuelle d'une houle qui a soufflé à 3 000 kilomètres alors que moi je suis à l'instant T devant ; donc 3 000 kilomètres avant j'ai des ondes qui se sont propulsées…

J'ai travaillé avec Pierre Lasnier qui avait détecté quelque chose. Quand il y avait une tempête au cap

Horn le lundi, par exemple, le mardi ou le mercredi, ça arrivait dans le golfe de Guinée. Ça s'était atténué, certes, parce qu'après le Horn et jusqu'à la montée du golfe de Guinée, il n'y a plus un souffle d'air vu que la houle traverse l'anticyclone de Sainte-Hélène, donc c'est la mer plate partout. L'ondulation venait du Horn et arrivait jusqu'au golfe de Guinée. Arrivée dans le golfe, parfois elle pouvait être terriblement atténuée. La vague qui faisait 6 ou 7 mètres au cap Horn arrivait au golfe et elle ne faisait plus que 1 mètre tous les 100 mètres, donc pas perceptible à l'œil nu… Mais il y a plus de 5 000 kilomètres du cap Horn au golfe de Guinée. Donc 1 mètre tous les 1 000 kilomètres… Voilà à quoi Pierre Lasnier avait réfléchi : à l'époque, des équipages dans le golfe de Guinée étaient en train de souder les pipes pour le gaz et le pétrole dans le fond de la mer. Le vrai problème est qu'à l'œil on ne voyait même pas 1 mètre sur 100 mètres, mais quand on est en train de souder et que le tuyau est soutenu par des barges avec des câbles, il monte de 1 mètre… Ils avaient donc pris un rythme : tous les tant de temps, ils dévidaient de 1 mètre pour que le tuyau reste à la bonne place et ils reprenaient après. Et très vite, ils avaient une période d'une incroyable régularité : toutes les minutes soixante-dix secondes, il fallait à peu près faire descendre et remonter. Ce qui évitait qu'on ait trente personnes en train de bosser entre les barges, le fond, les remorques, etc. pour rien, sinon ils ne pouvaient pas travailler.

Pierre Lasnier avait mis au point des systèmes qui permettaient aux ouvriers d'avoir une mesure de ce qu'ils auraient dans les jours qui suivent. Donc au lieu de préparer tout pour le jeudi à 6 heures du matin, deux remorqueurs, dix-huit soudeurs et je ne sais quoi, il disait : « Non, on ne travaillera que demain ou après-demain, pas la peine d'y aller aujourd'hui. »

Les grosses vagues à Teahupoo, en Polynésie, sont fonction du mauvais temps qu'il y a dans le Sud. S'il n'y a pas de mauvais temps, il n'y a pas de vagues. Quand je parle du Sud, je veux dire dans les quarantièmes, les cinquantièmes, les soixantièmes.

En somme, on est capable d'avoir une météo du passé récent assez exacte en regardant la mer. Pour connaître le passé, dans ces conditions, il faut regarder la mer au présent ! Enfin, savoir la regarder et comprendre.

On peut lire dans le passé un événement qui s'est produit deux ou trois jours avant, on en a la preuve devant soi à l'instant T. À 2 000 ou 3 000 kilomètres, ou beaucoup plus. C'est d'une logique complète puisque le vent fait la vague.

La houle, c'est essentiellement quelque chose qui voyage et qui a une durée donnée parce qu'elle meurt. Comme toutes les ondulations : plus elle voyage, plus elle perd de la force.

Le vent se déplace. Une dépression, ça se déplace. Nous, nous sommes immobiles, la dépression nous passe dessus, mais elle continue après nous. Ce vent-là, ce tourbillon-là continue à exister, mais il existe sur d'autres endroits, pareil. La dépression qui arrive en Bretagne est formée en Alaska ou au pôle Nord, elle descend, elle traverse l'Amérique et nous arrive dessus.

La dépression qui arrive en Bretagne est américaine. Parfois elle peut monter du sud, mais c'est très rare, c'est une fois tous les quatre, cinq ans, une espèce de saloperie qui monte du sud et qui est une conséquence de ce qu'on appelle la « dépression saharienne ». C'est une petite dépression quasi permanente installée sur le Sahara.

Tous les cyclones qui arrivent en Caraïbe sont nés au large de la Guinée-Bissau et du Ghana. Sur une bande qui fait 1 000 kilomètres, tous les cyclones qui arrivent après dans la Caraïbe sont nés là. Le système dépressionnaire naît ici, après il parcourt l'océan, il gonfle au fur et à mesure, et il arrive énorme le long des côtes américaines.

La vague a son temps propre. C'est lui, en quelque sorte, qui lui donne sa vraie dimension. Parler de la vague sans parler du temps qui la fait gonfler et lui fait parcourir des kilomètres, c'est passer à côté de ce qu'elle est.

Au nord-est de Fakarava, aux Tuamotu, quand la mer vient briser, le monde me chuchote quelque chose. Le ressac d'une plage peut être modifié par un bateau qui passe ; pas aux Tuamotu, où seule la mer s'exprime. Rien d'autre que l'effet de la mer et de la vague ne peut modifier la bande-son du récif. Ici, on a l'impression déchirante que ça tape depuis des milliers d'années. Ce temps de la vague qui s'écrase, ce bruit de l'océan qui respire, ronfle, grogne signifie que nous ne sommes pas là pour longtemps. Le monde ici me dit clairement que je ne suis qu'un passant. Alors je pense dans mon for intérieur : il me suffirait d'être ce mouvement-là pour accéder à l'éternité. Le bruit du récif m'indique que je suis déjà vaincu. Ce bruit va continuer, continuer et continuer… Cette respiration n'est pas la mienne, c'est celle du monde. Elle ne me rend que plus dérisoire et vulnérable. Je n'ai, moi, qu'un tout petit souffle. Je ne suis rien. Une poussière. Une plume. Rien.

Parfois, la vie nous dit, nous montre, nous démontre que nous ne sommes rien. À Fakarava, face à cette sorte d'horloge énorme qu'est la houle qui vient battre le récif, la nouvelle est bien pire : nous ne sommes pas là pour longtemps ! L'éternité n'est pas à notre portée.

Les vagues ont des formes.

La mer a des stries, des formes, des lumières, elle est pareille à n'importe quel décor. Les variations de couleur sont aussi importantes qu'à terre.

La mer laisse des souvenirs de décor aussi puissants que bien des paysages. En mer, il y a un milliard de décors. En fonction des vents, elle change de plis, la mer !

Quand on traverse de Tahiti à Moorea, on retrouve au moins quatre formes de mer, quatre clapots différents pour une distance seulement de 20 kilomètres.

La mer est aussi variée que la terre. Toutes les mers sont différentes les unes des autres. Aussi différentes que des paysages : il y a la même différence (en termes de décor) entre la mer d'Iroise et le Pacifique qu'entre l'Alsace et l'Afrique du Nord… Les vagues ne sont pas les mêmes, les dessins de la mer ne sont pas les mêmes, les vents… Les ciels étoilés ne sont pas les mêmes sur toutes les mers. Tous les marins le savent.

Vent(s)

Le vent change de forme au gré des températures. La molécule d'air n'est pas la même s'il fait moins 5 degrés ou s'il fait 40 degrés. Il y a des vents qui sont relativement denses, qui sont complets, d'autres sont comme des trouées, le flux est incertain, il n'est pas de qualité, il est très inégal, par exemple dans les périodes orageuses…

La qualité du vent est capitale.

Quand c'est bien « établi », que ça souffle comme il faut, dans la bonne direction, c'est magnifique. Si le bateau est bien réglé, c'est la perfection, l'harmonie !

Le métier est intéressant quand on arrive à faire bien « marcher » le bateau dans un paquet de conditions.

Il faut vraiment être aux aguets, il faut regarder dehors et écouter, il faut avoir les oreilles dans le vent.

Il y a beaucoup de gens qui disent qu'on barre avec les oreilles et c'est assez vrai : c'est l'angle que fait le vent avec les oreilles qui dit exactement dans quelle position on est, aussi bien que l'électronique.

L'écoulement du vent dans mes oreilles indique que je suis dans la bonne position. Je vois alors l'angle que je dois prendre, que je peux atteindre. L'électronique peut me donner des renseignements, mais les vrais renseignements je les capte avec le physique, je sens à quel angle du vent je suis... Les bons barreurs barrent sans capuchon et sans rien : il faut avoir les oreilles dehors. Même s'il pleut ou s'il neige.

Les oreilles, ce sont les yeux dans la nuit : l'écoulement de l'eau le long du bateau, le bruit que ça fait quand on est dans les vagues... Ça donne plein d'indications tout le temps, dans un monde où l'on ne voit pas.

La forme de la mer la nuit, quand on est embarqué, quand ça cartonne, on la voit bien, on l'entend bien. Les cinq sens sont en éveil ! On comprend bien par quoi on est entouré !

La nuit, il nous est loisible de scruter la forme des nuages, ça donne une idée de ce que va être le vent. Chaque indice est bon à relever. Si les nuages vont dans telle direction, avec tel angle au vent, ça veut dire que dans trois ou quatre heures on risque de récupérer ce phénomène.

Le vent n'est pas une constante, c'est une variable. Il peut varier en force du simple au double ou du simple à 10 % de plus, il peut aussi changer d'angle, ça veut dire que, dès lors qu'on change de cap, on change de réglage de voiles. Il y a tout à prendre en compte et à mettre en route.

D'un océan à l'autre, d'une latitude à l'autre, selon les saisons et avec l'expérience, je sais le « genre » de vent que je peux avoir.

Tout est, encore une fois, affaire de décision. Si j'ai le vent de face, je tire des bords. Mais est-ce que c'est la peine de tirer les bords si je ne peux pas me positionner plus à gauche ou à droite parce que la dépression va faire ça et ça ? Il y a toute l'anticipation de ce que va devenir le parcours météorologique…

Sait-on à quel endroit on va rencontrer le vent ? À peu près. Il y a ce qu'on appelle les *« pilot charts »*, qui donnent les compilations des vents sur les zones, avec des flèches différentes. Au large de Brest, on va avoir 70 % de vent d'ouest à 30 nœuds, par contre on aura 30 % de vent de sud-ouest à 45 nœuds et ainsi de suite. Ce sont des compilations de tout ce que les marins relevaient. La compilation donne ce qui a été et ne donne pas ce qui sera. C'est de la climatologie. On se retrouve dans des zones dont on connaît la climatologie, mais dont on ne connaît pas la météorologie. La météo, c'est ce qu'on a au temps T, et la climatologie, c'est tout ce qui a été compilé comme analyses sur cette zone. Les *pilot charts* sont des moyennes. On peut avoir trois jours hors moyennes ! On ne s'appuie que sur de grandes tendances.

C'est sûr qu'il y a des zones où, météorologiquement, il y a des alizés permanents. Mais attention. Par exemple, cette année, depuis cinq ou six mois, le long du Portugal, tous les phénomènes météorologiques n'ont rien à voir avec ce qu'il y avait d'habitude. Rien à voir. La température est de 10 à 13 degrés alors qu'elle est habituellement de 25 degrés, il pleut en quantité et les dépressions sont au ras des côtes. Ça ne ressemble pas du tout à ce qu'on appelait l'« alizé portugais », des vents de nord le long du Portugal qui emmenaient vers les îles d'Équateur…

IV

ENCHANTEMENTS

Émotions

Dans mon carnet personnel d'émotions intenses, il y a le cap Horn par belle houle. Quand on vient à passer le Horn, on a souvent eu de la grosse mer. La houle, au large, c'est une succession de mouvements de mer, des sortes de collines mobiles. Tout bouge, c'est un constant mouvement de balancier et, sur le bateau, on n'a pas d'échelle fixe. D'une certaine façon, ce mouvement n'est pas perçu, car le bateau roule, gicle, avance, bouge, surfe : tout n'est que mouvement. La mer monte, se dégonfle, descend, en sorte que ce mouvement est bien moins intense que lorsque tout à coup surgit un point fixe. Ce point, c'est le cap Horn – et lui seul donne la vraie dimension de la houle.

Durant tout le temps que j'ai passé sur la mer depuis Brest (par exemple), je n'ai pas vu de terre, de point fixe, le mouvement est devenu habitude. Rien de stable. Tout de mouvant. Et là, brutalement, devant moi, un bout de cap va révéler ce mouvement… Sa densité. Son intensité.

Bien entendu, il y a le décor, mais aussi la symbolique : passer le Horn, c'est savoir qu'on va s'en tirer quoi qu'il arrive, qu'on a passé une zone difficile. Le danger est derrière. Passer le Horn, longer les côtes américaines, c'est quitter le mouvement. Revenir au monde sans risque.

La belle houle au Horn, c'est quand il y a 8 ou 10 mètres de creux, et que c'est bien rangé ! Cette belle houle grosse, forte du Horn, elle vient de l'océan Indien depuis des milliers de milles, elle a été regonflée par des dépressions – je me demande comment le vent a fait pour donner à la mer cet aspect de collines… C'est très beau, très puissant. Et puis les couleurs qui passent du bleu au vert, du vert au noir – et inversement. Les crêtes blanchissent. Magnifique spectacle de la puissance du Sud. Au Horn, la houle force car son pied va buter sur la terre : il y a des effets d'ondes, de ressac, de hauts-fonds – d'où l'amplification du mouvement. Il n'y a rien de stable, d'arrêté dans ce monde, sauf ce morceau que constitue le cap Horn.

J'ai passé plusieurs fois le Horn, mais je ne l'ai peut-être perçu qu'une seule fois, finalement, avec cette densité…

Il y a, dans la vie, ce qu'on fait, ce qu'on sent, ce qu'on voit et ce qui nous marque. On n'« imprime » pas toujours au même moment avec la même facilité.

Errance

Je n'ai pas de meilleurs moments dans mes aventures. Elles sont toutes gratifiantes. Je ne peux pas ressortir des « *highlights* » de mon errance maritime. Tout cela est une affaire d'ambiance, de couleurs, d'odeurs, de moments enchaînés… Quand je suis sur l'océan, je respire, je flaire, je suis en éveil, le nez au vent, l'oreille alerte. Il n'y a pas un *best day* de l'éveil – ou alors il y en a mille, dix mille… Justement, c'est fort parce qu'il n'y a pas un moment plus fort que les autres quand je navigue. C'est comme dans une histoire d'amour : c'est la présence de l'autre (le délice de l'autre) qui a tressé à travers le temps des périodes indiscernables qui font du tout un moment de grande tenue et de grande valeur. La mer est pour moi un lieu générique : les instants que j'ai passés en sa présence sont tous signifiants. Il n'y en a pas un que je puisse isoler en me disant que c'est le plus beau. Les vraies histoires d'amour ne sont pas découpables. La mer produit pour moi un merveilleux auquel, pour des raisons émotionnelles, physiques, intellectuelles et affectives, j'ai toujours été sensible.

J'ai, certes, ressenti des pics d'intensité durant ma vie sur les océans, mais ces pics, ces épiphanies, sont vécus, revécus, attendus, à venir et présents en même temps. Ils ne sont pas isolés de l'enchantement général. Ils ne sont pas isolables. Les bonheurs d'hier nous rendent aujourd'hui plus heureux encore (cela est vrai pour chacun). Je ne trie pas dans mes enchantements, je les mets tous de côté. Il n'y a pas de rupture. C'est du continu.

Grand Sud

Le Grand Sud, c'est le pire du pire ou le mieux du mieux, ça dépend. Mais pourquoi le pire du pire ? Je suis dans un monde où, à ma gauche, quand je vais d'ouest en est, j'ai tous les vivants et, à droite, personne. Voilà. C'est un peu comme un satellite du pauvre. Je suis une sorte de satellite, me voici hors du monde. C'est un monde immémorial et totalement archaïque.

Le Sud qui est à ma droite, c'est le monde tel qu'il existait avant que les hommes soient sur Terre, ça n'a pas bougé. Il n'y a pas de cimetières, il n'y a pas de vie, il n'y a pas de village, il y a quelques bases, mais elles sont minuscules au regard de l'étendue du Grand Sud. C'est un monde où tout vit en dehors de toi, et depuis l'origine du monde.

C'est un univers qui n'a pas besoin de moi, j'y suis inutile. L'homme est là, il est là, mais il ne sert à RIEN.

Tous les animaux vivent très bien sans lui. Il ne sert à rien du tout. L'homme n'est utile qu'à lui, c'est tout, ni à la faune, ni à la flore, ni à la planète, à rien !

C'est tellement puissant et hostile que j'ai vraiment une grosse impression de solitude, c'est beau, c'est émouvant.

C'est cette solitude qui fait pointer ses propres défauts, ses propres faiblesses : l'ensemble de soi.

Quand on passe du temps seul, on se connaît bien, on est sans illusions sur soi. Mais c'est très utile parce que quand on est sans illusions sur soi, on sait très vite à qui on a affaire quand on rencontre les autres, puisqu'on est sans illusions sur eux aussi. La plupart du temps, si les gens ont des illusions sur les autres, c'est qu'ils en ont sur eux. Leur première illusion est leur capacité à juger, vu qu'ils sont aptes à se tromper. Quand on se connaît bien, on se trompe très peu. On sait tout de l'autre en face de soi, très vite. Et c'est un problème, parce que ce qu'on devine de la vie des autres est souvent triste : on nous parle de types comme étant des gens merveilleux, sauf qu'on sait qu'ils sont bidon, cupides, sans intérêt, vulgaires. Donc il y a assez peu de gens qu'on rencontre et qu'on trouve intéressants ou émouvants. L'intuition et la connaissance de l'autre ne sont pas obligatoirement un réjouissement. Ça peut l'être aussi de temps en temps, mais c'est rare de découvrir un autre qui émerveille. La plupart du temps il nous navre, il ne nous dégoûte pas non plus, mais il nous navre, il ne nous intéresse pas.

La solitude nous met avec nous-mêmes en permanence, il n'y a pas d'autre pour masquer, pas de convention sociale.

Tout individu a plus de raisons de se faire confiance à lui qu'aux autres. C'est évident.

Île

Les habitants de l'île de Molène ne prennent pas l'heure d'été ou d'hiver. Ils refusent et trouvent ça idiot. Ils n'ont pas le même temps, la même horloge. Il est midi à Molène quand le soleil est à la verticale de l'île, un point c'est tout. Et ça suffit. Ils vivent à l'heure solaire. Ils sont à 690 kilomètres de Paris à l'ouest.

Un îlien est particulier. C'est une morphologie mentale qui ne ressemble à aucune autre. Aucun des rapports habituels – ceux que nous connaissons – ne peut être entretenu avec lui.

Une île, ça s'autosurveille, on peut laisser les enfants courir sur une île, tout le monde sait où ils se trouvent, personne ne s'inquiète, on sait qu'il y a toujours quelqu'un qui les aura vus quelque part. C'est ainsi.

Une île, c'est un monde restreint où l'enfance se prolonge. J'ai des amis tahitiens qui emmenaient leurs enfants à Paris. De là, en voiture, ils allaient visiter Bordeaux, et les enfants, une fois arrivés, disaient : « Il est grand le tour de l'île ici. » Pour eux, ça n'existe pas de faire 500 kilomètres en voiture. La voiture, c'est fait pour faire le tour de l'île.

Si l'on n'est pas né dans l'île, on n'est jamais des leurs avec les îliens. Je vis en Polynésie depuis longtemps, je suis marié avec une Tahitienne, mais je demeure un étranger. Irrémédiablement.

À Tahiti, par exemple, le pouvoir politique importe peu. Il y a le pouvoir religieux, lequel bloque le pouvoir politique. Mais surtout, il y a le pouvoir des familles. Ça, c'est le vrai pouvoir. Pratiquement le seul qui compte.

Quand ils voient arriver ceux du continent, les gens des îles se demandent s'ils peuvent être amis avec eux, c'est-à-dire combien de temps ils vont rester.

La première question qu'on me posait il y a cinquante ans quand je suis venu à Tahiti, c'était : « Combien de temps restez-vous ? » Et ce n'était pas du tout pour se débarrasser de moi, mais pour commencer à établir le type de lien que chacun de nous pourrait tisser.

L'îlien est en permanence volé : les étrangers viennent prendre quelque chose, profiter et s'en vont. Qu'advient-il de leur amitié, de leur amour ? Alors, les îliens se referment.

Les gens qui me disent se sentir « intégrés » dans un pays qui n'est pas le leur me font peur, ils me glacent, m'effraient. Quelle bêtise ! C'est une stupidité intellectuelle. De toute façon, les Polynésiens voient arriver des gens en costume et les voient repartir en paréo, et pas l'inverse – je pense aux gouverneurs. Ce sont ces derniers qui sont piqués à la fleur de tiaré, et non les îliens qui sont piqués à la métropole !

Le tempérament îlien est hyper-fort. Chaque île a son caractère, sa dominante.

Lumières

Comme je connais le monde entier, je peux avoir des rendez-vous. Avec, par exemple, les lumières de l'Iroise, la mer du sud du Horn, un matin tiède de la côte amalfitaine. J'ai des rendez-vous avec les aubes naissantes…

Panama

Passer le canal de Panama est aventureux : on se trouve immergé dans un système complet, au milieu d'un lac, tout autour c'est la jungle. On entend les singes hurler, c'est fascinant. Lorsque le bateau mouille près des écluses et qu'il faut prendre une bouée, il s'agit d'être prudent, de vérifier qu'un serpent ne s'y est pas accroché. C'est un monde surprenant, incroyable. On entre dans la jungle en bateau. Et une partie de ce monde incroyable voit défiler des milliers de navires de toutes formes.

Lorsqu'on arrive de la mer, on a vu que de l'océan pendant des jours et, soudain, c'est la jungle, dense. Il fait lourd, chaud, les lumières sont foncées, ce sont des lumières de surchauffe. Les eaux sont vertes comme la jungle, les nuages sont bas, on sent que la pluie n'est jamais loin. Sensation d'étouffement. C'est assez facile, dans ces conditions, de se représenter l'horreur que fut la construction de ce canal. Je crois qu'il y eut 20 000 morts. La plus grosse ressource du canal, à l'époque, c'était la vente, aux académies de médecine, de cadavres conservés dans du vinaigre.

Quand le canal fut ouvert, au début du xxe siècle, ce fut une révolution technique.

L'endroit est d'autant plus étonnant qu'il est le symbole de la main de l'homme dans l'œuvre du monde.

C'est la main de l'homme qui change le destin du monde – et sa géographie. C'est impressionnant. Ce fut insensé de creuser un couloir jusqu'à un lac central, lequel allait alimenter en eau un autre couloir qui allait jusqu'à la mer et permettait aux bateaux de passer. Il y a 7 mètres de dénivelé entre l'Atlantique et le Pacifique.

La devise du canal est visuelle : *Diviser pour unir.* Panama coupe la terre d'Amérique du Sud.

Le canal emploie de 5 000 à 6 000 personnes. C'est une immense entreprise. Une manne. Quand je suis passé en 1969 avec *Pen Duick*, la traversée coûtait 1 dollar la tonne (le prix n'avait pas changé depuis la fondation du canal). Il en va autrement aujourd'hui.

Les bateaux les plus insolites traversent ce canal : c'est l'inventaire à la Prévert de ce qui navigue. Un spectacle total pour amateurs éclairés. Et une expérience insolite : si l'on traverse de nuit et qu'on est immobilisé sur le lac tropical, entre les écluses, les bruits de la jungle sont sidérants. On navigue en altitude (puisqu'on a franchi des écluses), au milieu de la faune.

La traversée est, d'une certaine façon, romantique. C'est le commerce du monde, donc les histoires du monde qui traversent là. Il n'y a qu'à tendre l'oreille !

Lors de l'ouverture du canal, les navires qui l'empruntaient réalisaient une économie de navigation de deux ou trois mois. Panama était un nom connu dans le monde entier (c'est toujours vrai). Un nom magique. Celui d'un pays où l'on ne s'arrête pas. Là, on ne fait que passer. C'est émouvant. Et extraordinairement poétique : s'immobiliser sur le lac, avec la pleine lune au-dessus des arbres, les hurlements des singes dans la jungle à 50 mètres… Quel décor ! Quelle bande-son ! Quelle parenthèse d'eau verte entre deux océans bleus !

Passage de l'équateur

Tous les marins qui l'ont vécu le savent : le passage de l'équateur est une expérience. Je garde la mémoire de ces passages. Je garde le souvenir précis de toutes ces attentes. Je me souviens aussi d'avoir franchi l'équateur sans jamais avoir été arrêté, puis, d'autres fois, c'est le bouchon dans le tunnel de Fourvière ! Parfois, plus vache, c'est le Pot au noir qui se déplace en même temps. Une situation que je peux résumer ainsi : « Plus je pédale, moins j'avance. » Le Pot au noir ne peut se résumer à ce lieu géographique de l'équateur. C'est le pays des épaississements. La région des rétrécissements. Le département des grains puissants et aussi la réserve des oiseaux aspirés par les orages d'Afrique et rejetés au beau milieu de l'Atlantique. Il faut imaginer un Dunkerque-Bayonne avec bouchons. Il faut manœuvrer sans cesse et appréhender les réductions de voiles. Le vent ? Parfois un 9-nœuds qui monte soudainement à 30 et souvent dans la direction opposée. À l'équateur, tout n'est que guet et veille douloureuse. Nous savons tout cela et pourtant, chaque fois, l'équateur nous plonge dans un abîme de perplexité. C'est ainsi.

C'est la région des grands barrages. La zone des grandes mollesses. Et puis soudain, dans ce magma, s'ouvre un couloir, une voie. Reste à savoir si elle est praticable. Les prochaines vingt-quatre heures alors, peut-être, se liront mieux : un anticyclone se déplacera sans doute, mais très lentement, vers l'Afrique. Nous devrons le contourner et arriver vers 34 degrés-35 degrés sud assez vite. Enfin, théoriquement. Nous rentrerons alors dans le Grand Sud.

Polynésie

Au départ, en Polynésie, je vivais seul, retiré. Et on est toujours un étranger en Polynésie. Des gens disent : « Moi, je suis assimilé »… Je suis mort de rire.

J'ai vécu à Brest : un individu qui n'est pas de Brest, c'est un étranger.

Mais je ne suis pas un étranger à Brest, en revanche. Je suis bien : je suis de Bretagne, j'ai été élevé là, je connais les codes, je suis de ce pays-là. Ce n'est pas tellement mon identité qui est importante, c'est la perception que l'autre a de moi. Parce qu'on est bien obligé, quand on sort de chez soi, de les croiser. Dans l'ensemble du monde, on est à peu près partout un étranger.

Enfin, je n'appartiens pas à un endroit en particulier. Il y a des endroits auxquels je n'appartiens pas du tout.

La Polynésie, j'ai trouvé ça superbe. Les gens avaient l'air marrants, la température était agréable, les mœurs étaient à l'époque plus légères qu'en métropole, tout ça m'allait bien. Les Polynésiens étaient agréables et le sont toujours. Je ne vis pas, ici, dans un monde conflictuel.

Et puis les gens, là, sont aussi indifférents que moi, avec tout ce que ça peut avoir de sympa, parce qu'ils sont bienveillants en fait. Si je me mets à tousser, ils sourient.

En métropole, les gens sont tellement en représentation…

Je ne suis pas torturé par le fait d'être interpellé par l'attitude des gens. J'ai une étanchéité et une indifférence très supérieures à la moyenne. Je dois avoir la capacité émotionnelle du bigorneau, c'est tout.

La Polynésie est ce que j'ai trouvé de plus beau. Dans la catégorie bords de mer, couleurs de lagons… C'est un pays de langue française, donc le « fond » est facile aussi à comprendre, et l'influence française est assez sympa parce qu'il y a un art de vivre, une cuisine, un comportement qui est agréable selon moi… Alors que je ne trouve pas ça dans les pays anglo-saxons.

Je n'aime pas beaucoup les Anglo-Saxons : ils ne m'intéressent pas. Je vivrais assez facilement en Italie si l'Italie était sur l'Atlantique, mais elle est sur la Méditerranée, donc ce n'est pas une mer suffisamment intéressante, mais c'est une civilisation, c'est joli, on mange bien, l'architecture est belle.

Moi, j'aime les grands océans, il faut qu'il y ait une respiration. Il faut qu'il y ait un souffle. Il n'y a pas de souffle en Méditerranée. En vingt-quatre heures, je passe de Marseille à Alger, point final ! On dit le « bassin méditerranéen » : un bassin, ça veut bien dire quelque chose, on se cogne tout de suite contre la terre où qu'on aille, ou à peu près.

Je suis pas très fraternel avec mes frères humains.

Je ne suis pas obligé de m'esbaudir devant les danses folkloriques de Moldavie… ou les secrets des costumes du Rouergue et des bals ruraux des années 1920. Je vis la vie qui m'intéresse ou qui m'émeut : elle n'est pas là, c'est tout.

Ce qui pourrait m'émouvoir le plus serait de me réveiller un matin, seul sur la Terre. Oui, j'aimerais bien, ça fait partie de mes fantasmes.

À certains endroits du Grand Sud, je me retrouve exactement dans le cadre de mon fantasme.

Quand j'étais au pôle Sud, dans les îles de la Madeleine, je me disais : ça doit être bien de rester là, dans ce monde où il n'y a personne. Ça donne envie. En été. Uniquement. L'hiver, il fait nuit tout le temps, ce n'est pas intéressant. Ce qui est attirant, c'est l'idée d'être dans ce monde-là… On est le premier homme, en fait, à peu de chose près. Le monde entier est magnifique sous les lumières de l'été. L'hiver, c'est dégueulasse.

Ports

Il n'y a plus de ports. Comme il n'y a plus d'aéroports. C'est pareil. On arrive pour prendre l'avion, on suit des couloirs, on prend sa valise et on part. Idem dans les ports : on se met à quai, les machines retirent les containers, et hop ! on repart six heures après. Il n'y a plus d'échanges. Ce sont des interfaces, des plateformes et c'est tout. On ne vit plus dans les ports. Il n'y a plus de vie dans les ports. D'ailleurs, il n'y a plus de bistrots dans les ports modernes, que des quais et des instruments qui vont trier les cargaisons.

Il n'y a plus de gares non plus. Les trains arrivent et partent dans certains endroits déterminés, mais il n'y a plus de gares. Avant, il y avait des restaurants dans les gares, on s'y déplaçait pour faire des adieux ou pour accueillir des gens, mais ça n'existe presque plus. Notre société a changé tout ça. Même dans la chanson populaire, la gare a disparu. Je me souviens de cette chanson des années 1930 :

« J'aperçois la gare/Le train qui démarre/Encore loin de toi… » La gare est devenue un passage entre différents tubes. Ce n'est plus un lieu.

Les ports, eux aussi, ne sont plus des lieux. Des passages seulement.

Avant, dans les gares, on voyait débarquer la province. On ne la voit plus débarquer – d'ailleurs, il n'y a plus de province. Il y a trente ans, à Montparnasse, on voyait des gens qui venaient de province. Aujourd'hui, impossible de les reconnaître, de les identifier. C'est en cela que je dis qu'il n'y a plus de province.

Il ne peut plus y avoir de ports ni de gares puisque les gens ne sont plus en voyage, mais en déplacement. Être en voyage, c'est partir sans date de retour. Aujourd'hui, lorsqu'on part le 17, on sait qu'on revient le 24 à 13 h 41. Il y a deux ou trois endroits dans le monde où, en parcourant les ruines – car c'est le mot –, on sent encore les gens qui ont débarqué ; je pense à Ellis Island, dans le port de New York.

Valparaiso fut un vrai port, car quand les aventuriers avaient passé le Horn, ils y faisaient escale ; aujourd'hui, il n'y a plus de traces de ces histoires. Plus de fantômes à quai. On a effacé jusqu'aux lieux où les fantômes pouvaient encore apparaître.

Le quai où le *Normandie* s'est amarré n'existe plus. On a tué jusqu'à l'habitat des fantômes.

Aujourd'hui, le monde est sans fantômes. Le fantôme de Roissy n'est pas crédible. D'ailleurs, aucun fantôme à peu près bien élevé ne voudrait vivre dans ce décor.

Voilà le grand bouleversement : il y a eu entre sept et huit millions d'Européens qui, dans cette Europe bousculée où tant de gens furent déplacés, entre 1945 et 1954, sont partis de Cherbourg pour le nouveau monde. Il y avait des hôtels spéciaux à Cherbourg. Tout a disparu. Ce flux migratoire énorme a disparu. Il faut intégrer ces phénomènes.

Rade de Brest

La rade de Brest est fascinante. Là, la mer pénètre la terre. C'est aussi, à travers le goulet et dans le système éolien, la pénétration du mauvais temps à l'intérieur de la terre. Quand il y a du vrai mauvais temps, la rade s'allume, elle blanchit, c'est raide, c'est dur, puissant, ça donne une idée de ce qui se passe dehors, mais ce ne sera jamais le mauvais temps de dehors. C'est juste une porte entrouverte sur l'océan en furie de l'autre côté, la porte entrouverte d'une cage. Les effets de cette furie, les hurlements du vent, les crêtes de la rade qui blanchissent, le clapot court qui se lève et va jusqu'au Moulin-Blanc, ça tape certes, mais ça ne lève pas les 10 mètres de creux qu'il y a dehors. Dehors, c'est l'aventure. Le goulet est infranchissable à ce moment-là, avec des creux de 6 mètres, vent contre courant. De l'autre côté du goulet, les fauves sont là. Deux ou trois fois par an, ça ronfle dehors. On entend les monstres. Dans la rade, c'est presque découpé en tranches : au Moulin-Blanc, au fond de la rade, près du pont, il y aura 10 nœuds de moins qu'au début du port de commerce, où il y aura encore 10 nœuds de moins qu'à la Cormorandière (à l'entrée du goulet), où il y aura 10 nœuds de moins que de l'autre côté.

Devant ce spectacle, je ressens un appel. J'ai envie d'aller voir les monstres, car la vie, elle est là. Dans la cage.

Il n'y a pas beaucoup d'endroits au monde où les choses sont comme ça : de l'intérieur (dans la rade), on peut avoir une idée précise de ce qui se passe à l'extérieur, au large. D'où l'appel. Brest cristallise mes appels à la mer. C'est comme si le vent me disait : « Viens, si tu es un homme. » C'est la sauvagerie et la beauté du monde qui sont de l'autre côté.

Il m'est arrivé de rentrer dans Brest avec 60 nœuds de vent arrière, on passe vraiment une porte. Ce dehors est malgré tout extraordinaire de sauvagerie.

Je n'ai jamais vécu la rade comme un abri, mais comme un sas. De l'autre côté, c'est la porte vers le grand océan.

J'ai une notion aiguë, précise et forte du « ça vaut le coup d'exister ». Même en pleine pétole, belle journée bleu ciel, sur la mer immobile d'Amalfi le long des côtes italiennes. Je suis pris dans ces charmes-là et j'y suis totalement sensible, comme on peut l'être au parfum d'une femme.

De temps en temps, je repense, à rebours, à des mers fortes, rageuses, rugueuses, intenses et denses. L'émotion est là aussi : « Ça vaut le coup d'exister. » La même émotion, mais d'une autre nature. La différence, c'est que cette mer-là, quand les vents hurlent, je sais que je ne la reverrai plus. Je me souviens de ces vagues noires et de mon bonheur d'être au milieu de ces paquets de mer. C'est bouleversant et passionnant. J'ai la marque de ça en moi. Tiens, je suis pris d'une petite angoisse, d'une nostalgie. Je ne reverrai plus ces monstres-là. Je ne rentrerai plus dans la cage. Trop vieux. C'est comme ça. Mais les sensations demeurent.

Intactes !

Tuamotu

Les Tuamotu, c'est un monde en soi. Les îles commencent au nord-est de Tahiti, s'étendent jusqu'à 2 000 kilomètres au nord des Gambier. Ce sont des atolls. C'est-à-dire que, jadis, c'étaient des îles hautes, auxquelles s'est accroché tout ce qui fait le récif d'aujourd'hui, le corail. Comme ces îles se sont enfoncées, elles ont disparu en plusieurs millions d'années, il ne reste plus que l'anneau de corail qui s'était installé sur elles lorsqu'elles ont surgi de la mer parce qu'elles sont d'origine volcanique.

Géographiquement, les Tuamotu sont isolées dans le plus gros océan du monde. Des bordures de corail et de sable avec des cocotiers et, au milieu, de l'eau… Ces îles sont comme des bateaux immobiles au milieu du plus grand océan du monde (je le répète, car il faut avoir ces dimensions en tête) : ça a quelque chose d'extraordinaire !

Parfois, le plus haut point de vue de l'île au-dessus de la mer ne dépasse pas 2 mètres. On a tellement l'impression d'être embarqué dans toute la magie de ce grand océan Pacifique… La lumière y est merveilleuse, unique… cette lumière blanche de la mer qui se brise sur le récif sur des kilomètres avec le bleu ciel du lagon… voilà des couleurs qu'on ne voit nulle part ailleurs ! Un ensoleillement énorme, quelque chose de presque brutal, de presque hostile, et en même temps de tendre et de tellement beau, tellement beau !

Les Tuamotu sont habitées, mais peu peuplées. Donc, ça laisse de la place, on respire, on n'est pas les uns sur les autres. Ces îliens sont des gens tellement isolés du monde culturellement, et depuis si longtemps, qu'il leur est resté quelque chose que j'adore, ce sentiment de responsabilité qui fait qu'ils n'attendent rien de personne. L'îlien sait que, quoi qu'il arrive, il devra lui-même résoudre ses problèmes, on ne viendra pas l'aider. Et je trouve que ça donne des morphologies mentales assez touchantes. Ça produit des gens dégourdis, capables de bricoler n'importe quel bateau quand il le faut. J'aime bien ces populations maritimes.

Vivre ici demande un vrai savoir-vivre et un système nerveux adapté, un goût particulier, le goût de l'isolement, le goût de la mer lointaine… Pour bien vivre, il faut être capable d'y survivre soi-même en solitude.

Virginité

Le long du continent antarctique, du côté de la mer de Weddell, 67 degrés sud – à proximité de l'endroit où j'étais passé en solo lors d'une descente près du pôle –, se dégage une impression de forte virginité. C'est une partie du monde qui n'a jamais été habitée. Ici, il n'y a pas de lien – pour dire les choses comme je les ressens. Il n'y a pas d'histoires d'hommes, même s'il y eut, voici plus d'un siècle, des gens dans quelques bases. Mais c'est anecdotique. Il y a peu d'épaves de bateaux… C'est la partie du monde où l'homme n'a jamais pu mettre vraiment les pieds. Pas d'école, pas d'église. La vie de l'homme n'est pas là. Mais celle des manchots, oui. Quand on débarque, il y a des centaines de milliers de manchots. Et, ce qui est fabuleux, c'est qu'ils sont totalement indifférents à notre passage. Ils continuent à vaquer à leurs occupations de manchots et ne sont nullement préoccupés par notre présence. Pour se promener, on est obligé de traverser cette foule, on se trouve à 1,50 mètre de ces animaux. Heureusement qu'il n'y a pas un chef qui lance à ses troupes : « On met les humains dehors ! » C'est très impressionnant, le bruit. Assourdissant même. Et je le répète, cette indifférence totale à la présence humaine. Ils nous voient, nous les croisons, et il s'agit de leur laisser le passage car ils ont des chemins terrestres qui les mènent à la mer. Et des chemins pour revenir de la mer. Ils font une route incroyable.

Culturellement, partout ailleurs dans le monde, l'homme est là, et c'est normal, c'est nous qui dominons ce monde. Ici, à 67 degrés sud, on a tellement peu eu le temps de dominer que c'est un monde où nous ne sommes que tolérés. Nous sommes confrontés à une histoire biologique sans l'homme. Lorsque nous nous promenions en Zodiac au milieu des phoques léopards, qui ont des gueules de murènes et des têtes larges comme celles des veaux – ils chassent les manchots –, je me disais que nous étions dans un endroit tout de même très « spécial ». Ici, j'étais immergé dans un monde qui vit – fort bien – sans nous, sans l'homme, depuis toujours, alors que partout ailleurs sur la planète l'humain est là depuis des milliers d'années.

Ici, du côté de la mer de Weddell, rien n'est dû à l'homme, rien n'est « grâce à nous », tout s'est passé sans nous. Aucune implication. C'est très bizarre de se retrouver là. Nous n'avons jamais protégé ces espèces, elles ne nous doivent rien. Ce monde énorme existe et l'homme vient tout juste d'y mettre les pieds.

J'ai eu ici, à 67 degrés sud, la sensation physique que se déroulait une forme d'éternité à laquelle je n'avais pas part, à laquelle mon espèce n'a jamais eu part. Ici, l'expression « autre monde » prend une dimension réelle.

Ici, on vient frôler une forme d'éternité, on vient d'apparaître dans une histoire de dix mille ans.

Voyage

Le temps qui se tord, qui a perdu sa structure, c'est le voyage. Il spirale, le temps ! Il volute !

V

L'ESTHÉTIQUE DE LA VITESSE. SENSATIONS DE MER

L'Arkéa Ultim Challenge 2024

Voici trente ans maintenant, j'étais le troisième homme à faire le tour du monde, en record et en multicoque. C'était l'époque où Éric Tabarly disait : « Moi, je ne ferai jamais le tour du monde en multicoque, c'est trop dangereux. » Depuis, nous l'avons fait. Depuis, nous avons fait le trophée Jules-Verne. Depuis, nous sommes un certain nombre de marins à avoir fait des tours du monde, avec succès, en multicoque et en solitaire ! Cette année 2024, la ville de Brest, avec Arkéa, a monté une course qui, par bien des aspects, est unique.

Ces bateaux sont des monstres : 32 mètres de long. Ce sont des engins qui marchent à 27 nœuds de moyenne – 27 nœuds, ça fait 50 km/h à la voile – pendant plus de quarante jours. Dans toute l'histoire du monde et de la voile, ça n'est jamais arrivé. Jamais des bateaux, avec cette vitesse, ne furent capables de réaliser ce parcours. On dit de ces monstres que ce sont des « ultimes », car ils ont la taille ultime en multicoque.

Chacun des bateaux en course est différent. Ils sont seulement similaires. Ils sont limités à la taille possible manœuvrable par un homme seul pendant quarante jours. Mais chacun d'eux est inventif.

Les six pilotes sont aussi des monstres. Ce sont des très bons ! Ces six-là, c'est la crème de la crème dans leur discipline. Cette discipline est française : voilà six bateaux construits en Bretagne, les plus rapides, lesquels vont faire le parcours le plus complet et le plus complexe qu'est le tour du monde – avec les quarantièmes rugissants, les cinquantièmes, les calmes de l'Atlantique… c'est copieux sur le plan technique – et, à leur bord, six skippers nés en Bretagne. C'est sidérant ! En 2024, dans le monde de la voile et dans la voile du monde, six Bretons dans six bateaux bretons hallucinants font le tour du monde à des vitesses jamais atteintes. Je le répète, c'est extraordinaire. Je connais bien ce parcours, c'est celui du trophée Jules-Verne, mais aujourd'hui, avec les foils, les bateaux arrivent à des vitesses incroyables. Nous arrivions, sur des surfs énormes, dans les grosses mers du Sud, à 40 nœuds, mais ces multicoques peuvent parvenir à des moyennes de 35 nœuds.

Les champions ont droit à des routeurs. Quand on emmène des bateaux comme ceux-là dans le Grand Sud, c'est bien d'avoir une équipe à terre qui va travailler sur l'évolution des phénomènes météorologiques. Car ils peuvent se retrouver – et ce fut d'ailleurs le cas – avec 50, 60 nœuds de forme établie dans une zone et, sur un bateau de 32 mètres en solo, il y a grand danger. Il faut lever le pied, s'écarter de la zone en question. D'où le fait d'avoir des équipes météo à terre très performantes. De plus, sur ces zones, il y a aujourd'hui des satellites qui n'existaient pas jadis. Quand j'ai parcouru ces endroits dans le temps, il n'y avait pas de météo, pas de GPS, rien. J'avais, parfois, par BLU, un routeur de Brest, un météorologue de Brest, un mec génial d'ailleurs. Mais il me donnait ce qu'il pouvait.

Pour mener ces bateaux-là, à cette vitesse-là, sur ce parcours-là, il faut être un champion. Un vrai ! Je suis admiratif. Ça me fait très plaisir de voir qu'il y a une génération qui poursuit ce que nous avons essayé de faire depuis cinquante ans.

Les six bateaux en course sont bretons ! Ce n'est pas rien. Mais ça s'explique.

La zone bretonne est une zone de navigation compliquée. La Bretagne nord, ce n'est pas facile. C'est l'endroit au monde où il y a le plus de balises et de phares au mètre carré. C'est l'endroit où il y a le plus de cailloux, le plus de courants, le plus d'endroits difficiles. Donc ça nécessite une sorte de dextérité. Les marins dont je parle sont entraînés jeunes à naviguer dans des conditions difficiles, avec du mauvais temps, des tempêtes… De même qu'on aura plus de skieurs de haut niveau à Chamonix qu'au Ballon de Guebwiller. Pareil. CQFD.

Les hommes sont entraînés tout petits à naviguer dans des conditions qui ne sont pas évidentes, avec de la brume, du mauvais temps, du temps de tempête… C'est une région très exposée, cette Bretagne-là. Donc les marins qui naviguent bien sont automatiquement supérieurs à ceux qui naviguent ailleurs.

Ce qui veut dire que quelqu'un qui aurait beaucoup navigué dans cette Bretagne-là est capable de naviguer à peu près partout dans le monde. C'est certain.

J'ai bien connu cette navigation. Elle apprend à réfléchir. Il faut réfléchir avant de faire quoi que ce soit : est-ce que la mer monte ? Est-ce qu'elle descend ? Est-ce que le courant va me porter à la terre ? Est-ce qu'il va me porter, et s'il n'y a plus de vent, est-ce que le courant va me porter sur la roche… ? Ce n'est jamais évident, quand même ! Il y a des endroits où on va à voile et il n'y a plus de vent, et par contre le courant emmène directement sur la roche : c'est pas bon… Il faut connaître. Il y a plein de trucs comme ça à apprendre… Cette navigation, ici, en Bretagne nord, c'est un simulateur, un bon simulateur de ce qu'on va trouver comme « emmerdements » dans le monde.

Un autre endroit dans le monde est intéressant encore en termes de navigation : c'est le sud de la Patagonie, c'est montagneux, au nord du cap Horn, c'est une zone où il y a des vents violents, des courants forts, c'est une zone où il faut s'adapter en permanence, il n'y a rien d'écrit.

Il y a encore le nord de l'Écosse. La mer d'Écosse, dans le Nord, en hiver, c'est assez dur. Ce sont des zones où il y a du mauvais temps, des dépressions tout le temps.

Il y a une corrélation entre la difficulté du parcours et la météo. C'est ça qui rend la navigation difficile. Les deux sont liées. C'est une zone d'entraînement idéale, la Bretagne.

Aventure

L'aventure ne veut rien dire aujourd'hui. Le mot est tellement galvaudé que je n'ose même plus le prononcer. Celui qui part faire une promenade en VTT a le sentiment aujourd'hui de « partir à l'aventure ». Celui qui fait « Koh-Lanta » aussi. C'est dire ! Selon moi, l'aventure doit comporter un risque physique, elle est à ce prix. Sans quoi, elle ne peut porter le nom d'« aventure ».

L'aventure, ça se paie, au propre comme au figuré ! Aujourd'hui, oui, il est aventureux de traverser l'Afrique en voiture, d'aller dans le Grand Sud avec un bateau sans météo – sans données météorologiques.

Autrement dit, c'est parce qu'il y a risque physique qu'il y a aventure, sans quoi elle est vaine, non avenue.

Durant les premiers tours du monde effectués avec Tabarly, nous n'avions pas de données, personne n'était passé là depuis l'ouverture du canal de Panama, aucune donnée depuis 1914. Quand nous naviguions sur ces mers en 1971, 1973, cela faisait soixante ans que personne n'avait exploré ces chemins. Nos seuls repères étaient les livres de bord des capitaines cap-horniers. Et c'est tout. Là, pour le coup, c'était aventureux. Les données météo n'existaient pas. Nous avions la climatologie, pas la météorologie. On savait que certains navires avaient tenté de passer le cap Horn durant un mois en tirant des bords et, en désespoir de cause, étaient repartis vent arrière pour l'Australie. On savait encore qu'il y avait eu grand nombre de naufragés dans ces zones. Pour le reste, rien ou si peu.

Le risque physique est intéressant car il est vraiment capable de surprendre. Grâce à lui, on apprend des choses sur soi. On enquête sur son petit « moi ». Si on va photographier des hippopotames, seul, sur les rives d'une rivière africaine, c'est vraiment aventureux car, s'il se fâche, c'est l'animal qui tue le plus d'êtres humains. Si l'aventure, c'est rater son train de 18 heures pour rentrer en stop, elle n'est rien.

Devient aventure tout ce qui n'est pas dans la norme régulée.

Brume

J'ai dans la tête des morceaux d'endroits et des morceaux de lumières. J'ai dans la tête des moments disparates, insolites, inouïs, liés par rien et qui sont, dans la promenade que la vie m'a donné la chance de faire autour du monde, des moments de bonheur absolu – ces moments sont constitués de lumières d'abord, mais encore d'odeurs, de températures… Je ne fais pas (du moins, plus) de photos, car les clichés n'enregistrent pas, ne fixent pas les odeurs. L'image, le son, l'odeur… Tiens, par exemple, l'odeur immobile qu'il y a dans les périodes de brume quand on entre dans la rade de Brest – la bande-son, là, c'est le phare du Minou dont on n'entend que la corne de brume. Puis le dessin incertain de la côte. L'intérêt de la brume, c'est qu'elle vous emmène dans son monde puisqu'elle vous cache l'autre. C'est un moment de choix pour moi, ce moment de brume dans la rade, cette bordure de brume. La forme même du décor s'en trouve transformée, voilée, moirée. Il n'y a pas beaucoup de vent (en général, quand il y a de la brume, il y a peu de vent), la mer luit avec des reflets gris-noir, l'odeur de varech est prégnante, c'est une odeur de mer immobile et de courants forts. Le décor prend le pas sur tout le reste. Il s'impose. Ce n'est pas abstrait, bien au contraire.

L'entrée de la rade de Brest dans la brume, le bateau au ralenti, cette côte incertaine… On sait que c'est là, mais le « c'est là » pourrait être un « ailleurs ». Cette incertitude poétique est extraordinaire. Un moment détaché du monde où l'on n'identifie rien. On porte, alors, un autre regard…

La brume, c'est de l'eau qui va partout. Nous voilà enveloppés. Il n'y a aucune nuisance dans cette brume. C'est enchanteur d'être noyé dans la vapeur d'eau. J'aime voir au loin, mais j'aime aussi que d'un coup le monde m'enferme, m'isole. Le son est bouffé. La corne de brume est un cri qui vient d'ailleurs dans cette mise en scène hallucinante qu'improvise la nature. La corne, c'est le cri pour l'aveugle – un cri unique, car il n'y a pas une corne au monde qui ait le même son qu'une autre. Donc, c'est cet endroit-là qui fait jaillir ce cri, ici. Il s'agit d'identifier le son qui nous dit que nous sommes là alors même qu'on ne peut rien voir de ce décor… Le son nous confirme une présence, il nous engage à imaginer le décor. Voilà un moment que la nature nous donne.

La rade de Brest dans ces conditions, c'est un site maritime et géographique que je connais par cœur, mais qui se déguise pour moi. Alors il m'étonne, me surprend et je jubile. Le décor m'emmène, il m'invite au voyage, je ne le connais qu'à découvert et le voici masqué ! C'est carnaval !

Quand j'entre dans la rade, c'est que je quitte la mer – le seul endroit où j'ai la paix. Ce moment de brume me redit que tout est possible. Qu'il faut revenir. Qu'il s'agit de le revivre.

Densité du temps (en mer)

À terre, on vit avec des horaires. En mer, c'est la météo qui commande. S'il faut changer de voile à l'heure du déjeuner, on change de voile à l'heure du déjeuner. Il y a l'organisation du quart qui peut changer les hommes de poste, mais il y a l'organisation du bateau qui fait qu'on est à disposition permanente. Le changement de quart fait que je change d'équipe à disposition, mais ça ne fait que cette différence-là. Donc le temps n'est pas le même. En plus, en mer, pour des raisons particulières dans la journée, cinq heures peuvent durer trois jours et trois jours peuvent durer cinq heures… Parce que je suis très pris, occupé, et le temps n'a pas la même mesure. C'est très rare que je sois occupé H24 par quelque chose à terre. Je suis calé sur le jour et la nuit. Les heures défilent, c'est un marqueur que je ne contrôle pas. Les heures défilent un peu comme quand je regarde mon compteur d'eau : je vois les chiffres bouger, mais ça n'a aucune importance pour moi, ça ne « rentre » pas dans ma vie. Ça tourne, ça tourne, ça tourne, c'est tout. Mais ça n'a aucun lien avec l'activité que je mène si ce n'est que je suis pressé, je veux aller vite, mais il n'y a pas de rapport avec l'heure : l'heure appartient à un cadran de mesures, appliquée à la progression du bateau, à la façon dont je pilote, c'est tout.

Le temps est dense sur le bateau, dans le sens où il y a toujours quelque chose à analyser, à comprendre et à faire. Si je suis en Bretagne, chez moi, dans le jardin, je regarde le ciel, je vois la nébulosité, mais ça ne va rien déclencher de ma part, aucune de mes activités ne va dépendre de la nébulosité. Alors que sur la mer, souvent, la nébulosité m'indique une évolution du temps, ce que sera le temps ou ce qu'il ne sera pas. La formation nuageuse indique souvent la qualité des vents comme celle de l'ensoleillement.

Quand je rentre à terre après une course, je me réadapte plus ou moins. Je vis un temps où autre chose se passe. Je continue à vivre comme à bord. Je dors peu parce que je ne sais pas dormir ; quand j'ai dormi quatre heures, je suis *off*. J'ai faim quand j'ai faim. Ce qui est le plus difficile, c'est la bouffe. Parce que les gens, quand ils ont des déjeuners ou des dîners, ce n'est jamais à l'heure où j'ai faim.

En bateau, je fais des microsiestes. Je dors une minute, trois minutes, cinq minutes… Je dors une minute, c'est comme un ordinateur qui bogue : je débranche, ça remet à zéro et ça redémarre bien. Ç'est à ça que ça ressemble. C'est un entraînement.

Esthétique de la vitesse

La vitesse en mer, c'est une esthétique. On fait des bateaux de course pour que ça aille plus vite, on les imagine (on les dessine) dans ce but. Il y a une approche de l'élégance. C'est esthétique la vitesse, c'est mécaniquement esthétique. Quand je mets deux bateaux côte à côte, s'il y en a un qui ne marche pas bien, il a l'air moche par rapport à celui qui passe à côté en voguant à 3 nœuds de plus et dans un chuintement de mer et de vent : ça fait une grosse différence quand même. C'est hyper-élégant un bateau qui va vite, c'est de la glisse, c'est propre, c'est joli.

Et c'est là qu'intervient la notion de plaisir. Il y a une notion de jouissance, de plaisir, de belle vie.

Quand ça marche bien, que ça ronfle bien, je suis content. Quand il y a une harmonie entre le vent et la vitesse, on voit bien si le bateau marche à son maximum en fonction des vents qu'on a et de la mer qu'on a. C'est mon métier, donc je me rends compte que je suis dans le meilleur de ce qui peut être fait. C'est parfaitement jouissif.

L'erreur en mer ne pardonne pas

Dès que je fais une erreur, j'ai une addition, et elle est plus ou moins épaisse en fonction de la taille de l'erreur. Et en mer, je la paie comptant et tout de suite. C'est la différence avec les politiques, c'est immédiat… Les politiques parleront de la conjoncture. Là, il n'y en a pas.

Ou alors il y a une conjoncture, mais je suis obligé de faire avec. C'est moi qui suis responsable d'une mauvaise analyse de la réalité météorologique.

Je me trompe, j'ai une sanction : je n'avance plus, je suis embourbé, je me trouve du mauvais côté de la dépression et ainsi de suite.

« Maritimiser le carbone »

Les bons marins poussent à la conception de bons bateaux. L'un pousse l'autre. Avant nous, personne dans le monde n'avait mis du carbone sur les bateaux. Quarante ans plus tard, tous les bateaux de course sont en carbone. L'évolution fut rapide et a intégré les meilleures capacités mécaniques – parce que la voile, c'est un sport mécanique, ce n'est rien d'autre. Donc les capacités mécaniques, les matériaux ont fait que tout ça va de plus en plus vite et est de plus en plus perfectionné et de plus en plus compétent.

Le carbone apporte la légèreté et la résistance.

Xavier Joubert et moi avons mis le carbone sur l'eau : on a opéré le glissement de technologie entre la division hélicoptères de la Snias, à La Courneuve, et la mer.

Joubert, qui était ingénieur d'armement et polytechnicien, savait qu'à la division hélicoptères de la Snias il y avait des machines qui faisaient faire des efforts à des pales d'hélicoptères depuis dix ans et qu'on faisait comme si le matériau n'avait pas de mémoire. Tous les matériaux ont de la mémoire. L'acier a de la mémoire, l'aluminium aussi, la mémoire des efforts subis, alors que le carbone a de la mémoire, mais très faiblement : on va perdre 0,003 en flexion, mais on va gagner 0,02 en torsion, et le matériau ne vieillit pas. Il ne vieillit pas à l'effort. Quand l'aluminium a eu un effort de courbure à 0,5 %, il casse. L'acier, pareil.

C'était ça ou il fallait arrêter la course comme on le faisait. On ne pouvait pas continuer à courir avec des bateaux comme on avait. On se serait tués, tous.

Avec des éléments en carbone, on n'a plus de problème. Un mât, ça travaille à la compression. Et un pied de mât d'un bateau comme celui de *Géronimo*, ça fait plus de 100 tonnes.

Le carbone, ce sont des tissus imprégnés qu'on met sur un moule, et après on cuit : c'est facile… Les gens qui travaillent bien le carbone sont, pour beaucoup, d'anciens menuisiers ou d'anciens ébénistes.

Le bateau *Edmond-de-Rothschild*, qui a gagné la course de Brest (Arkéa Ultim Challenge 2024), est à vendre pour 14 millions d'euros.

Bref, on a fait des bras en carbone d'abord, les structures, après on a fait les mâts…

Il n'y a pas de sensation particulière à piloter un bateau en carbone – sauf à noter que les formes ne sont pas les mêmes. Le niveau de performance augmente avec la légèreté du bateau. Il n'y a pas de poids inutile. Or, le rapport d'un bon bateau, c'est la surface de toile par rapport au poids du bateau.

Moins on est lourd, plus la toile est rentable ! C'est l'équation invariante. Le but étant de gagner à la fois en vitesse et en sécurité.

Techniquement, on construit une boîte autour du bateau pour faire cuire le carbone : il s'agit d'enfermer le bateau dans une structure qui va supporter la chaleur pendant la cuisson, qui est électrique.

Temps de cuisson ? Ça dépend des coques, ça dépend des couches de carbone, de leur nombre. La cuisson peut être faite par petits à-coups. À chaque étape, il faut surveiller. Une cuisson peut durer vingt-quatre heures ou quarante-huit heures, tout dépend du nombre de couches. C'est l'ingénierie qui décide du nombre de ces couches : pour avoir telle forme, telle résistance, il faut tant de couches. Il y a des coques optimales avec des formes optimales pour avoir le maximum de flottabilité avec le minimum de surface mouillée. C'est encore une équation : c'est qu'il faut que le dessous d'un flotteur soit un demi-cercle parfait. C'est avec ça qu'on obtiendra le maximum de flottabilité, le volume immergé parfait et le minimum de surface mouillée. Car la surface mouillée freine.

Après, il faut donner des formes qui naviguent… On doit partir d'un certain nombre d'axiomes.

J'ai réalisé deux bateaux avec Joubert. C'est lui qui a fait *Pen Duick VI* dans l'Arsenal, commandé par la Marine.

Navigation

Il n'y a pas une navigation atlantique, une navigation pacifique…

Il y a tel type de vent, telle route à faire, telle vitesse possible : c'est tout. Tout ça est assez similaire, plein de surprises, et avec des endroits où les phénomènes météo sont plus ou moins connus, plus ou moins relevés, plus ou moins marqués…

À certains endroits, quand on va s'approcher de la terre, il y aura du vent, des manifestations météorologiques qui peuvent être différentes. Quand on remonte du cap Horn vers l'équateur, le long des côtes sud-américaines, on peut constater des manifestations de vents qui n'existent que localement, comme une espèce de dépression qui s'appelle le « Pampero », des sortes de coups de vent très violents, ça vient des montagnes, ça redescend sur la mer. Plus on s'approche de la terre, plus il y a des phénomènes spécieux. De même, quand on va naviguer dans le détroit de Magellan, il y a les williwaw, des vents qui descendent de la montagne, glacés, à 100 km/h, alors qu'il n'y avait rien avant. Tous ces phénomènes, on les doit à la terre.

On ne doit pas parler de types de vents, mais plutôt de forces. Le maximum que j'ai eu à « tirer » en mer était 120 nœuds, 222 km/h à peu près. C'est un cyclone. Il faut un bon bateau.

Un bon bateau, ça peut tenir dans un cyclone, avec un bon marin évidemment. Là, on est à sec de toiles, oui. Plus de voiles. Mais le vent se prend quand même dans le mât. À 240 km/h de vent, avec le mât seul, le bateau se couche sur l'eau.

Là, impossible de rester sur le pont ; on rentre dans la cabine et on attend que ça se passe. Comment sortir d'un cyclone ? On attend qu'il s'en aille, pas d'autres solutions. Le premier que j'ai subi, c'était en Nouvelle-Calédonie, il y a longtemps, en 1967. À l'époque, les météorologues ne pouvaient pas prévenir. Maintenant on sait tout des cyclones, où ils sont et à quelle heure ils arrivent. À l'époque, on savait qu'il y avait un cyclone quand il nous arrivait dessus. Moi, ça m'est arrivé avec *Pen Duick*, on était en croisière dans les Loyauté avec Tabarly, c'est bruyant ! C'est effrayant ce bruit ! On était au large, il n'y avait pas de cailloux autour, donc ce n'était pas dangereux. Tant que le bateau résistait, même couché sur l'eau, et que l'eau ne rentrait pas, à un moment donné ça allait s'arrêter… Ce n'est pas la peur qui surgit, c'est plus l'étonnement que la peur, au fond. Quand on n'a jamais vécu le phénomène, c'est l'étonnement qui prime. Ça peut durer quinze, vingt heures. Je crois que c'était de cet ordre-là, une quinzaine d'heures, quand ça nous est arrivé. Ce n'est pas confortable… Avec les vents forts, nous étions plaqués, ça ne bougeait pas trop. On peut respirer à l'intérieur, mais on ne peut pas respirer dehors dans ces cas-là ! C'est une expérience incroyable : 120 nœuds, ça fait 230 km/h. Je vois que le bateau est à la casse, sans voile, on ne peut rien faire, voilà… C'est comme un bombardement : on reste dans la cave et on attend que ce soit fini. Le vent qui souffle sur le mât fait un bruit énorme.

Quand tout se calme, quand le vent diminue, le bateau se remet droit tout seul, il a du lest. C'est logique. Lorsque le bateau est complètement dominé par les vents, il n'y a rien à faire. Navigation impossible. On ne peut pas envoyer de voile. Je me souviens que nos voiles furent arrachées, exactement comme si elles n'existaient pas : donc le problème était réglé. Nous avions eu 30, 50, 60, 100, 120, 130… nœuds. Au fur et à mesure, on avait réduit la toile. On avait gardé un petit bout, et le petit bout qu'on avait gardé a été arraché.

Au départ, quand j'ai commencé à naviguer, on mesurait le vent avec des anémomètres : il y a un machin qui tourne et plus il tourne vite, plus il indique la vitesse du vent. C'est un petit moulin qui tourne, tourne et produit de l'électricité. Il indique la vitesse. On regarde sans cesse la force du vent et son angle. Les anémomètres modernes ne sont pas plus précis que ceux que nous avions. Pour l'angle, c'est une girouette qui l'indique.

Quand tout s'est arrêté, que le cyclone était passé, on était contents. Après, il a fallu que nous rentrions en Nouvelle-Calédonie, et comme il y avait eu ces vents très forts, la mer était couverte de débris de végétaux : des troncs de cocotiers, qui avaient fait 80 kilomètres dans la nuit. Or, le tronc de cocotier n'est pas vraiment léger. La mer était couverte de plein de trucs arrachés. Il fallait faire montre d'une grande prudence, mais c'est comme ça la mer.

Penser, en record...

A-t-on le temps, quand on est en record, en solitaire ou en équipage, a-t-on le temps de penser à autre chose que le record ? Est-ce qu'on pense à sa vie ? C'est assez compliqué en fait. On est pris dans un monde où il n'y a pas de constance. C'est-à-dire qu'on bouge en permanence, puisque le bateau avance, le vent n'est pas une constante, à 18 heures on n'a pas le même vent qu'à 21 heures, et on est mobile, la lumière de la journée change, la position géographique change, les conditions qui permettent d'avancer, aussi, changent. Donc on peut penser à autre chose dans la mesure où on a un répit, où il y a une condition qui reste relativement établie et qu'on sent que ça va durer un certain temps : là, on peut éventuellement se laisser aller à penser à autre chose. Mais ça s'impose à ce moment-là, quand je n'ai pas le sentiment pressant soit qu'il faut que je change de voile, soit que je donne un ordre ou je ne sais pas quoi, alors là des pensées peuvent m'envahir, oui, mais elles viennent se coller à un monde où elles m'envahissent, au sens propre du terme ; c'est-à-dire que je suis en train de faire des choses, je ne les sollicite pas, elles viennent et je les traite. Plus ou moins d'ailleurs…

Plus ou moins, parce que je reste, même si elles m'envahissent, dans une concentration de tous les instants.

Et puis toutes mes attitudes vont correspondre, parce que je vais percevoir dans le maritime ce que fait le vent, ce que fait la mer, donc j'ai besoin d'évoluer tout le temps, alors il est possible parfois, dans les temps « libres », les temps où je n'ai pas l'« impression maritime », que le cerveau s'évade et se mette à penser à autre chose. Mais ce n'est jamais longtemps.

Je reste là dans un temps, si j'ose dire, qui n'est pas celui du commun. C'est un autre temps. Parce que, quand je suis en record, je m'occupe de mon temps, évidemment pour faire le meilleur temps, c'est-à-dire pour aller le plus vite possible… Ce que je veux dire, c'est qu'on peut considérer qu'il n'y a pas de temps perdu. Je suis dans un temps qui est d'une telle densité que c'est un autre temps, en fait : ce n'est pas le temps de la vie, ou alors c'est un temps de la vie très concentré, ou alors c'est la vie poussée à son point maximal… D'abord, comme je vis H24, il y a du jour et il y a de la nuit, mais ça ne change rien pour moi. La préoccupation est la même. Donc je suis très pris, quand même, très pris par ce que je fais. Je n'ai plus besoin de justifications sociales puisque je suis hors société, hors système.

À terre, un dimanche ce n'est pas comme un autre jour : il n'y a pas la même circulation des voitures, les gens autour de moi ont un comportement particulier, même si je suis dehors, je sens que ce n'est pas un jour comme les autres. En mer, que ce soit dimanche ou un autre jour, c'est pareil. Donc il n'y a pas de jour, pas d'heure, il n'y a que mon temps du record qui compte. Et ma position.

C'est le temps qui s'impose à moi. Mais c'est agréable aussi, c'est intéressant comme mode de vie, avec une seule chose dans la tête. Je n'ai pas de secondes *off*. Je suis toujours en train d'observer, penser, pour savoir ce que je vais avoir à faire dans l'heure ou les vingt minutes suivantes. Je suis toujours à l'affût des signes extérieurs, des schémas variables sur les qualités de vents qu'il y a sur le bord.

Est-ce que c'est confortable d'être détaché ainsi de tout social ? d'être d'une certaine manière dans un monde si particulier, qui appartient complètement au monde, contrairement à ce qu'on croit d'ailleurs, mais pas du tout au monde social ?

Ce n'est pas reposant, mais c'est très agréable. Ça dépend de la nature des gens. Il y a des gens qui ont besoin de social. Parfois, je suis tellement pris par ma navigation qu'il me faut presque une pancarte pour que je n'oublie pas de bouffer. Ou de dormir. Voilà qui est capital. Sinon, danger imminent. Il y a des périodes de très grande fatigue aussi, parce qu'à un moment, je me suis tellement donné que je n'en peux plus. Et là il faut que j'aille dormir. Si je lutte contre le sommeil trop longtemps, au bout de soixante-douze ou quatre-vingt-dix heures, je vais avoir des hallucinations. C'est dangereux.

Exemple ? Les coffres sont des bouées sur lesquelles les bateaux peuvent s'amarrer dans les ports. Je me rappelle avoir vu sur un coffre un type avec un fusil : il n'y avait pas de coffre, il n'y avait pas de type et il n'y avait pas de fusil. Il faut faire attention. Tous les marins connaissent ça. Phénomènes hallucinatoires. Là, il est urgent d'aller dormir. Le pilote automatique fera le travail même si je suis dans la brume, sinon je vais crever. Je vais dormir et advienne que pourra… C'est moi, si j'ose dire, qui pilote le pilote, qui le programme ! J'ai du vent de travers, je mets le pilote à faire telle route et, pendant ce temps-là, je vais dormir. Si le vent tel qu'il est continue, c'est bon pour moi, je peux dormir, sinon je suis réveillé parce que brutalement le comportement du bateau n'est plus le même. Je le sens, c'est ainsi. Je dors ce que je peux, c'est très étonnant.

Parfois il suffit de dormir quinze ou trente secondes. C'est-à-dire que j'arrive à me décontracter si bien, à me concentrer si bien pour dormir, qu'avec un sommeil très court, une minute, je peux récupérer beaucoup.

Il faut être solide. Je deviens de plus en plus solide tous les jours quand je suis en mer. C'est mon monde. Je ne suis pas un inconnu ou un ignorant au milieu de la foule, je traverse un monde dont je connais les paramètres et je suis capable de les juger et les soumettre à mon jugement. Je ne suis pas perdu, au contraire.

J'aime bien que personne ne me parle.

Personne ne me parle, et je ne parle pas parce que je ne parle pas tout seul. Enfin, en mer, je parle un peu tout seul. Mais le cerveau est toujours en train de travailler. Je suis sur un bateau, un machin qui bouge sur l'eau et dans l'air et avec des lumières, et je dois toujours être moi, et être à même de faire en sorte que la meilleure harmonie règne entre le mental, le cap que je veux avoir, la capacité technique du bateau, ma propre capacité… Ce n'est pas oisif. Parfois, on va dire 5 heures du matin, j'ai dormi une demi-heure, je me dis : je vais me faire un café, donc je prépare, je chauffe l'eau, etc., et tout à coup le vent me fait un signe : il est en train de changer. Donc je coupe le réchaud, la bouilloire sur le réchaud, et je monte sur le pont. Et en fait je vais redescendre huit heures plus tard du pont. Puisque là-haut je vais être pris, parce que le vent change, je dois regarder, il faut modifier mes voiles, il faut modifier ma route, il me faut bien regarder, je cherche à comprendre, donc je suis pris. Et tout à coup je m'aperçois quand je redescends : merde, mon café ! Donc je reprends…

J'ai aimé la mer d'abord. Les bateaux ensuite. Comme ça allait ensemble, j'ai fait le nécessaire pour…

J'ai vécu avec la mer relativement à proximité en dehors de périodes de collège. Et comme c'étaient les seules bonnes périodes et que les périodes de collège étaient infectes, j'ai pris des habitudes de liberté. Et pour toujours.

Je me disais, à l'époque : si tout va mal, ça ne pourra jamais être pire que de faire des études, donc c'est fantastique d'avoir déjà fait tout le plus dur de la route. J'y suis resté tard, aux études, puisque je n'étais pas brillant… jusqu'à 20 ans, presque. Le bac philo, un peu de droit, le tout dans une médiocrité totale. Les choses étaient à portée de la main, en Bretagne d'abord, à La Trinité-sur-Mer ensuite, il y avait toujours l'eau et les bateaux, donc ça me paraissait naturel, au sens où je ne vois pas ce que j'aurais pu faire d'autre. Et quand j'ai eu l'âge des décisions, j'ai décidé de ne rien faire d'autre. Et puis quand j'étais petit, c'était encore sauvage, la Bretagne. Maintenant ce n'est plus sauvage, mais la mer, elle, reste sauvage, toujours. Je n'ai rien contre ce qui est civilisé, mais je n'ai pas le cœur qui bat pour. Il ne bat véritablement qu'en mer, le mien.

Pour les grands espaces, j'ai toujours le cœur qui bat. Si on va dans le Grand Sud à la voile, quand le soleil se lève sur le début du monde (puisqu'il s'agit de cela), on a l'impression d'un tel isolement qu'on vole un peu d'éternité. C'est fantastique d'appartenir – parce que c'est le matin – à la jeunesse du monde. On est le premier homme, c'est pas mal, c'est un joli voyage. Je trouve que ça se tient. C'est pour cela que la mer est formidable. D'autres gens ont peut-être trouvé leur petit matin d'une autre façon, l'essentiel, c'est de l'avoir. À l'aube, il y a les grands élans d'enthousiasme de la journée qui commence. Ça ressemble un peu aux pulsions de l'enfance, on retrouve l'étonnement du printemps, quelque chose comme ça, on le retrouve tout à coup sur mer, là, il y a pourtant moins d'odeurs, il y a pourtant moins de symptômes, mais il y a des couleurs, un miracle en fait. C'est un privilège fantastique. C'est grossier de ne pas profiter du temps, de chaque petite minute. Et puis il y a toujours la pensée du temps limite : pour combien de temps encore ? Savoir que le temps va être réduit. Le temps n'est pas illimité. Donc, tant que c'est là, il faut prendre, se goinfrer.

Solitude

Un tour du monde me permet de bien me connaître, vu que je ne navigue qu'avec moi, donc je ne suis pas distrait par les autres. Je me connais bien. Au moindre effort, je connais le meilleur de moi, le pire, les moments où je suis costaud, faible, les moments où je suis épuisé, les moments où je suis content... Je vis dans un schéma où je me retrouve en permanence obligé de subir tout ce qui se passe autour de moi et de me subir ; avec des bonheurs inégaux, mais souvent plus de bonheurs que d'ennuis.

C'est drôlement bien d'être seul. J'adore ça.

Il faut un certain système nerveux adapté.

Quand je suis seul, je fais tout le travail, tout va dépendre de moi, à commencer par manger et dormir. C'est un monde d'exigence.

Je vis dans un monde dont je connais toutes les contraintes, je n'ai pas de surprises. Dans les autres vies, j'ai des surprises. Je descends de la voiture, je vais mettre une lettre dans la boîte aux lettres, je reviens, j'ai un PV : j'ai une surprise. Là, je n'ai pas de PV, je n'ai pas de surprise. C'est vachement agréable qu'il n'y ait pas « l'autre », pas « l'autre » qui me raconte ses problèmes. En plus, quand je suis en danger, je n'ai à me soucier que de moi. C'est très confortable la solitude.

Je me connais mieux quand j'ai vécu seul. Dans l'effort, surtout. Parce qu'il y a plein de gens qui règlent leur effort en fonction du regard de l'autre, comme le cycliste qui est applaudi quand il arrive, sur le dernier kilomètre, il y a plein de gens qui le poussent, qui l'encouragent. En record, en course, je ne peux être encouragé que par moi-même.

Dans mes premiers tours du monde, je n'avais pas de contact avec la terre, ou très peu. Je ne pouvais compter que sur moi.

Mais enfin, la vraie vie c'est comme ça. Si on compte sur les autres, on est un gros imbécile.

Même si je vis seul dans un appartement ou une maison, j'ai toujours le voisin d'à côté, ou le voisin du dessus ou du dessous… Non, je sors dans la rue, je ne suis pas seul, je subis des interactions. Là, en course, je suis coupé de toute vie sociale : il n'y a pas de social, il n'y a pas d'interaction.

C'est ça qui est bien. C'est un plaisir. C'est un plaisir quand il n'y a pas de social.

VI

DÉSIR, COURAGE, INTUITION ET IGNORANCE

L'action

L'un des défauts principaux des Français, presque culturel, c'est l'incapacité à l'action tant il y a de réflexion. D'une certaine manière, il faut limiter le temps de réflexion, quand même, pour passer à l'action. Il y a un moment où il faut agir. Il faut prendre la décision d'agir.

En 1936, dans le monde de la guerre sous-marine, les connaissances étaient à peu près les mêmes en Italie, en Allemagne, en France et en Angleterre. Le niveau était identique. Les Italiens n'ont pas vraiment poursuivi parce que ce n'était pas leur culture. Les Espagnols non plus, pour les mêmes raisons. Les Allemands ont mis en chantier de quoi faire tous les U-Boot, formidable aventure de la marine ; les Anglais ont arrêté en disant que c'était indécent de faire la guerre avec des sous-marins, que c'était de la traîtrise, ils ont dépensé leur argent pour construire des radars ; et les Français, qui avaient le même niveau, ont toujours cherché à améliorer. C'est-à-dire que pour les Français, et c'est propre à eux culturellement, la recherche militaire est quelque chose de secret, de national et de clos. Il n'y a pas d'interférence avec les autres pays, évidemment, puisque c'est de la recherche. Et chez les Français, on ne s'arrête jamais de chercher, on pense que ça va toujours s'améliorer. D'ailleurs on l'a vu pour le Rafale. Le Rafale, quatre-vingts années après la guerre de 1940, c'est peut-être le meilleur avion du monde, mais il y en a quatre de construits (j'exagère à dessein) et il y a toujours une pièce manquante qui va tout changer et donner à l'avion des capacités supérieures. C'est-à-dire que dans l'esprit de recherche des Français, de la création de notre recherche, de l'éducation de notre recherche, donc de la formation des chercheurs, on pense qu'il faut toujours aller plus loin pour faire mieux. Les Allemands sont capables de s'arrêter pour faire bien. C'est très impressionnant. On me l'a expliqué quand j'ai participé à l'encyclopédie de la guerre sous-marine. Et c'est très vrai. On l'a vu sur la Coupe America. Les Français voulaient toujours avoir la pièce qui allait faire la victoire demain – ce qu'ils ne faisaient pas d'ailleurs. C'est-à-dire qu'il faut savoir s'arrêter. La recherche est typée : la façon de chercher et les chercheurs sont une traduction directe de ce qu'est leur monde national au sens le plus secret et souvent aussi le plus intelligent du terme.

Les Américains, eux, sont très pragmatiques. Ils peuvent construire à toute vitesse plein de choses simples sans « s'emberlificoter ». C'est pour ça qu'en 1940 ils ont sorti des bateaux marchands, les Liberty Ships, ils en ont sorti deux cent quarante, et quand il a fallu mettre des capitaines là-dessus ils ont formé des capitaines comme nous on fait passer des permis de conduire de voitures : bâbord c'est à gauche, tribord c'est à droite, marche en avant, marche en arrière, c'est tout.

En France, le mieux est l'ennemi du bien, et quand on fait bien, il y a toujours des gens pour râler parce qu'on aurait pu faire mieux. C'est très étonnant. On fait bien, mais… ça ne suffit pas.

Dans toutes les recherches que j'ai faites dans la construction de bateaux, j'avais peu d'argent, donc il fallait choisir le domaine où on subodorait que notre investissement serait le plus rentable. Et quand on cherche à 360 degrés, on dépense des fortunes.

Je pense que l'intelligence c'est l'action, puisque l'action est le résultat de la décision et la décision est l'exercice supérieur de l'intelligence.

Réfléchir, décider, agir. Mais tout ça dans un temps assez compressé quand même.

On ne peut pas non plus réfléchir à 20 ans, décider à 40, agir à 80… L'analyse, c'est à la portée de milliers de cerveaux ; la décision, c'est à la portée des cerveaux capables de vouloir. C'est toujours la même vieille formule : « Je ne sais que penser. » À un moment donné, il faut décider ce qu'on va penser.

On est toujours obligé de prendre parti. Et plus on décide vite, moins l'erreur va nous coûter, parce que si on décide vite, on peut aussi décider vite d'arrêter. Si on ne décide jamais, on laisse traîner les choses et elles ne font que se détériorer.

C'est-à-dire que c'est l'action qui va nous permettre de réfléchir encore, c'est en agissant qu'on va en tirer des conclusions pour adapter.

C'est l'action qui est centrale !

Bienveillance

Souvent, tout est masqué par la bienveillance. C'est un *a priori*, la bienveillance.

Si l'approche sociale n'est pas bienveillante, elle est inutile. Elle doit être bienveillante.

Qu'on le veuille ou non, autour de soi c'est la fraternité de l'espèce qui règne. Ils sont tous comme moi quelque part. C'est pour ça que c'est formidable. Je me place dans un aéroport et j'observe : l'aéroport, pour ça, c'est impressionnant, parce que c'est très mélangé. Je vais voir des gens habillés de telle ou telle façon, avec tel ou tel physique. Je peux me dire : ça c'est moche, elle est vieille, il a l'air fin, il est trop gros... Mais je peux aussi essayer de me dire : je suis au milieu de mon espèce, et j'ai quelque chose de ces inconnus et ils ont quelque chose de moi puisque c'est notre espèce. Et comme c'est mon espèce, je vais être beaucoup plus indulgent parce que je vais me retirer du jugement de valeur : c'est assez étonnant le regard que je vais poser à ce moment-là, parce que ces inconnus, c'est moi aussi. Ils sont moi, que je le veuille ou non, ils sont de ma biologie, donc c'est moi. Le fait est que ces gens-là sont moi. Ils sont une partie de moi, de même que je suis une partie d'eux. Si je veux, quels qu'ils soient, ils vont me présenter d'une façon ou d'une autre un pan de ce que je suis moi-même. Et en fait ils sont tous les excès de moi et les qualités de moi, et ce qu'il y a de ringard chez moi et ce qu'il y a de magnifique chez moi. C'est du fraternel biologique.

Je ne suis pas exclu de l'espèce, je ne peux pas m'exclure de l'espèce. C'est mon groupe, mon groupe biologique. C'est le moment d'être bienveillant, de se rapprocher de ce groupe auquel, sans le vouloir, j'appartiens de toute façon : il n'y a pas moyen d'y échapper.

C'est l'empreinte de ce qu'on est, vraiment. Là où j'aurais toutes les réactions négatives, je cherche à rendre la réaction positive, à cause de cette appartenance. Si j'ai des réactions négatives et que je les exprime et que je continue à les avoir, intellectuellement je me trompe. Parce que c'est mon espèce.

La bienveillance entraîne vers une certaine sérénité. Et cette sérénité, l'autre l'attend. Il y a une chose amusante et essentielle : l'autre sent cette sérénité. C'est de la perception, c'est même de la perception inconsciente.

Courage

Le courage pourrait se résumer à une formule simple : qu'est-ce que je suis prêt à donner pour faire ? C'est ça, le courage. C'est-à-dire que c'est du désir, et le désir est exigeant. Le désir de faire des choses nous dépasse automatiquement, d'une certaine façon… C'est organiser l'esprit, le *système* pour parvenir à ses fins en acceptant les risques que l'esprit peut discerner assez rapidement. À un moment donné, en face du désir, il y a des risques et des obligations ; encore faut-il accepter de s'y atteler.

Le courage dépend de la qualité du désir.

Durant la dernière guerre mondiale, si les Allemands arrivaient chez moi avec des flingues en cherchant qui je cachais, mon courage faisait partie de ce que j'avais décidé d'être, décidé d'être contre eux et de cacher. Et ça fait partie de mon engagement, de mes choix, de mon éthique, c'est tout, ça dépend de la vie que j'ai décidé de me construire… Chaque fois que je décide de me construire une vie, je suis obligé de le payer : si je suis boulanger, il faut me lever tous les matins à 4 heures pour que les gens puissent avoir le pain à 6 heures. C'est le courage de se lever tous les jours à 4 heures ; c'est le rapport direct que je détermine entre la finalité et l'engagement.

Le courage est lié, surtout, au désir d'être ou de ne pas être. Quand j'envoie paître, pour être poli, la Gestapo, j'ai le désir d'être celui qui refuse de céder à un *système de merde.* Le désir, c'est très difficile de le définir, en soi… Les politiques d'aujourd'hui, la plupart du temps, n'ont pas de courage parce qu'ils sont tellement effrayés par les risques de perdre leurs « bons de soupe » qu'ils ne bougent plus. L'expression n'est pas plus triviale que leur attitude. J'aime bien cette formule, d'ailleurs.

Le courage, c'est d'être ce qu'on est ou, plutôt, c'est décider d'être ce qu'on veut. Ce n'est pas tout à fait pareil. Dans le courage, il y a la capacité de dire non à la faiblesse, à la veulerie, au compromis, à la lâcheté… Aujourd'hui, on manque de courage. D'abord on se demande ce que les gens veulent être ; ils ne savent plus tellement même sexuellement ce qu'ils veulent être, alors c'est quand même assez compliqué. On est dans un monde où l'« en même temps » prôné par le président de la République est une jolie fabrique de bouillie. Comment avoir des attitudes claires si les idées ne le sont pas ?

Le courage serait d'avoir une colonne vertébrale et de s'y tenir. Le courage, c'est d'avoir choisi !

Je me rappelle une formule utilisée par la génération de mes parents. Ma mère disait : « Je ne sais pas que penser. » Alors, à un moment donné, il s'agit de choisir ce qu'on va penser. On va penser oui ou non, on va penser J'adhère ou Je n'adhère pas, on va penser Je veux ou Je ne veux pas. C'est-à-dire que les choix de ses pensées sont importants aussi : comment va-t-on regarder le monde qui nous entoure ? Qu'est-ce qu'on en souhaite ? Qu'est-ce qu'on en espère ? Qu'est-ce qu'on veut en avoir fabriqué ?

Le courage est individuel, mais il peut s'avérer de façon collective, parce que s'il y a des individus, il y a des effets de meute comme toujours, mais il faut, pour l'impulsion, l'étincelle, qu'il y ait quelqu'un qui décide, au moins d'avoir telle ou telle attitude pour entraîner les autres éventuellement.

C'est assez tranché, le courage. Comme l'intelligence. Il n'y a pas d'intelligence sans courage. Qu'est-ce qu'on va décider de penser ou de ne pas penser ? Il y a légion d'analystes relativement fins, mais ils n'ont pas le courage de penser. Ils n'ont pas le courage de prendre parti. Quand je vois les intellectuels de l'après-guerre en France, ils sont tous communistes et tous en train de protéger les horribles méfaits du stalinisme sur l'est de l'Europe. Presque personne n'a eu le courage de dénoncer, il ne fallait pas dénoncer. Il ne fallait pas désespérer Billancourt, comme l'expliquaient Sartre et sa troupe. C'est de la lâcheté pure, puisque c'est l'abandon des autres dans la torture… Il faut du courage pour s'élever contre l'horreur en général.

Le courage est physique de toute façon, ce n'est pas un truc en l'air… Les gens parlent de courage moral ou de courage physique : c'est pareil, c'est très proche. Le courage, c'est de décider ce qu'on va faire en fonction de ce qu'on pense. Ce n'est pas se renier, c'est le refus du reniement. C'est l'histoire de Jésus et de saint Pierre : le coq aura chanté trois fois avant qu'on accepte… Quand les Romains interrogent saint Pierre, il n'a pas le courage de dire, c'est tout.

Le courage, ce n'est pas la capacité à surmonter ses peurs, ses angoisses, c'est surtout la capacité à les maîtriser. On a deux possibilités : ou tendre l'oreille à toutes ses faiblesses ou décider d'essayer de performer en refusant d'accepter ses faiblesses et la nature moins belle qu'il y a en soi. C'est toujours la même histoire : est-ce que j'accepte d'être complice de mes pulsions médiocres ou est-ce que je les refuse pour essayer d'atteindre quelque chose de différent, qu'intellectuellement et émotionnellement je trouve plus joli, plus beau, plus noble, plus haut, plus brillant, supérieur ?

La nature humaine est très inégale. C'est ce qui la rend attachante d'ailleurs. C'est-à-dire qu'il y a des gens qui ont du mal à faire cette synthèse qui les fait décider d'être courageux ; ils sont empêtrés dans leurs peurs, leurs angoisses, leurs chagrins... Beaucoup vont préférer le raisonnable pour cacher leur trouille.

Moi, en tant qu'armateur, je n'ai jamais été assuré pour mes bateaux de course. Jamais assuré parce que je n'avais pas d'argent pour payer l'assurance et que je me disais : de toute façon, si ça se passe mal, on se cassera la figure, donc ce n'est pas la peine qu'il reste de l'argent. Dans cette optique, on est presque obligé de dépasser ses chagrins, ses peines. Et c'est un choix, mais tout le monde ne peut pas se le permettre.

En sport, il y a des gens qui sautent plus de 2 mètres et d'autres qui ne sautent pas 30 centimètres. C'est pareil pour le cerveau, c'est pareil pour l'émotion, c'est pareil pour l'intelligence. C'est-à-dire que nos contemporains font ce qu'ils peuvent. Alors souvent ils ne peuvent pas grand-chose. Il ne faut pas leur jeter la pierre pour autant, parce qu'ils font partie de la même humanité que nous. Sur le physique ça se voit, c'est même criant. Il y a des milliers de personnes, un milliard de personnes qui, tous les jours, suivent à la télévision les exploits olympiques : c'est aussi leur mental qui a amené ces sportifs à faire des choses qu'aucun téléspectateur ne peut faire à ce niveau-là. C'est la grande inégalité de ce que nous sommes. La majorité ne peut pas, mais ce n'est pas pour autant méprisable. C'est difficile.

Ce n'est pas parce qu'on a le goût ou l'intérêt des vertus qu'il faut mépriser ceux qui ne l'ont pas. Chacun fait ce qu'il peut. C'est lié au regard que j'ai sur le monde, que je pose sur le monde. Et d'abord sur moi-même !

Le goût de la vertu est connexe de l'idée qu'on a de l'homme et de soi, qu'on se fait de l'homme et de soi, ça n'a rien à voir avec la foi.

Face à un temps de vie (limité par essence), qu'est-ce que je vais faire ? Qu'est-ce que mon imaginaire, mon désir vont engendrer dans cet intervalle ? Je me retrouve projeté dans un monde que je n'ai pas choisi, il me faudra un certain nombre d'années pour comprendre ce qu'il y a autour de moi et, à un moment donné, je me dis : qu'est-ce que je vais faire de ça ? J'ai plusieurs possibilités. Si je considère qu'être vivant est une chance, je me murmure : je vais me servir de cette chance au mieux, de cette manne ; si je considère que c'est un dû, je vais toujours attendre d'avoir plus de chance, donc je ne vais pas faire grand-chose… C'est un peu comme ça que ça se passe.

Il s'agit de se *bouger*.

Il n'y a pas de vent favorable pour les gens qui ne savent pas où ils vont.

Il faut savoir où l'on va, il faut décider de ce qu'on va être. Le courage, c'est de décider. Je décide et, en fonction de mes moyens, je réussis ou je ne réussis pas. Quand on est petit, on va subir une éducation : à 3 ans on va me demander d'ouvrir la bouche pour m'enfourner une cuillerée de coquillettes. Et, plus tard, l'évolution fait qu'on n'a plus besoin de m'enfourner une cuillerée de coquillettes dans la bouche, et c'est moi qui décide un certain nombre de choses parce que j'ai aussi compris comment fonctionne le monde qui m'entoure. Parce que plus je vais grandir ou passer aux stades adolescent et adulte, plus je vais m'éloigner de l'influence des autres. Quand on est petit, ils (les parents, les adultes) décident de tout : de ce que je vais manger, à quelle heure je vais dormir, comment je vais m'habiller, et après c'est moi qui vais tout décider, et d'année en année, ça va basculer.

Parfois, les gens n'osent pas décider, de peur de faire de la peine à leurs parents ou à d'autres, et il y a des gens qui décident parce que le temps à venir leur appartient et que ce temps-là est sacré et qu'il doit être utilisé au maximum à faire des choses valables, belles, intéressantes, c'est tout. Mais c'est très personnel. Et toujours avec cette idée que les gens font ce qu'ils peuvent et c'est ça aussi qu'il faut d'abord considérer.

L'égalité, c'est une belle idée politique, sur le papier, mais ça n'existe pas dans le réel, c'est une fiction.

Ça n'a aucun sens. Le seul moment où on est égaux, c'est devant nos ignorances. C'est ça qui nous rend égaux. On ne sait pas pourquoi on est là, on ne sait pas où ça va, il y a eu des milliards d'années avant nous et il y en aura des milliards après, et en fait ce qui nous rend parfaitement égaux est que nos ignorances sont les mêmes pour tout le monde. Parfois, il y en a qui en savent un peu plus que moi parce qu'ils sont chirurgiens par exemple, ils en savent un peu plus que moi dans un domaine précis, mais pas dans les domaines qui nous intéressent tous. Il n'y a personne qui peut m'expliquer ce qui se passe après la mort, et aucun qui peut m'expliquer à quoi sert toute cette histoire. Nos savoirs nous différencient. Mais nos ignorances nous rendent similaires, semblables.

Ce qui fait notre singularité, c'est le savoir et le désir de savoir. On se retrouve involontairement assis sur un quai dans la gare de l'existence, et ils vont me mettre dans des trains que je n'ai pas choisis et, à un moment donné, je vais choisir les trains que je veux prendre. Le but n'est pas de piloter le train, non, c'est illusoire, mais de décider de m'arrêter là où je trouve que c'est le moins moche, le plus intéressant.

Personne n'a compris pourquoi nous étions là, sur cette Terre, c'est ce qui fonde notre similitude : c'est que personne ne sait pourquoi on est là. Personne ne sait pourquoi ça dure un temps et pourquoi tout finit… et pas par des chansons !

Personne ne sait combien de temps va durer cette comédie – pour certains, cette tragédie, enfin, cette tragi-comédie. On ne sait rien. Ça, ça pose une vraie question.

À l'intérieur d'un système auquel je ne choisis rien, il y a un moment où je peux choisir. Je ne choisis pas quand je vais naître, pas quand je vais mourir (sauf si je décide de mettre fin à mes jours), mais je peux choisir qui je vais essayer d'être ou de ne pas être. Et encore, tout le monde n'a pas cette chance. On vit dans une inégalité… Tous les *trucs* d'égalité, c'est des rêves de crétins puisque ça n'existe pas : pourquoi certains meurent à 14 ans écrasés par un camion et moi je vais vivre jusqu'à 80 ? C'est quoi l'égalité, là ? La vie est biologiquement inégale.

Il n'y a que les paresseux qui rêvent d'égalité, d'arriver au niveau supérieur sans rien faire.

La vie est une chance. Oui, c'est une chance d'être vivant, ce n'est pas un dû. Si je considère le contraire, la déception sera totale : je ne recevrais pas ce qu'on me doit dans mon rêve idiot. Je peux m'arrêter sur tout ce qui me déplaît, ou je peux m'en moquer et être content de ne penser qu'à ce qui me plaît. Je pense aux gens qui me racontent leurs malheurs. Ils se les répètent et en plus ils m'ennuient ; les malheurs des gens n'ont aucun intérêt. Donc je me ferme, je reste muet, je ne parle pas de mes soucis et de mes misères. Et j'essaie de vivre ce qu'il y a de mieux.

Et c'est moi qui vais le chercher, le mieux. Obligatoirement. Il ne m'est pas donné. C'est pourquoi à l'intérieur de cette chance, il faut se donner du mal. Il faut répondre présent. Si on a la chance d'être vivant, c'est pour faire des choses, si on le peut, c'est toujours si on le peut ; il y a le schéma de l'impuissance quand même qui est énorme.

Nos cerveaux arrivent à imaginer l'absolu, et on n'arrive absolument pas à imaginer l'infini. Or, levons la tête, regardons par la fenêtre, notre regard se porte sur l'infini de l'infini de l'infini… Notre cerveau n'arrive pas à le concevoir. On vit dans un monde avec un outil absolument imparfait. Et l'outil en question, c'est précisément le cerveau.

Il est limité. Plus que limité. D'une certaine manière, on se débrouille au milieu de contraintes. Mais de bonne humeur, parce que ça ne sert à rien de se plaindre des contraintes. Elles sont inhérentes à notre condition de mortels ! Elles sont là, on se doit de les accepter. On peut en éliminer un certain nombre quand même, justement par le courage et par le désir. Ou même par l'organisation. On n'est pas obligé d'habiter à Maubeuge, on peut s'échapper. Une grosse étude avait été faite il y a une trentaine ou une quarantaine d'années dans laquelle il était expliqué que 95 ou 96 % (un chiffre excessivement impressionnant) de nos contemporains sont contents de l'endroit où ils habitent. Souvent, il m'est arrivé de traverser des bleds où j'ai pensé que l'idée même de rester là plus de temps que celui de la traversée en voiture était une faute de goût. La nature humaine est capable aussi de se contenter… L'exercice le plus intelligent qu'on puisse faire, c'est de se contenter, alors que c'est vu de façon très médiocre par mes coreligionnaires : « Ils se contentent de ça », arguent-ils avec mépris. Or, justement, le génie, c'est d'être capable de se contenter, ce n'est pas toujours vouloir plus. C'est d'être content déjà de ce qu'on a. À partir de là, on peut construire. Il y a une formule du moraliste Joubert au XIXe siècle qui me paraît coller à la situation : « Le plus beau des courages, c'est celui d'être heureux. » C'est très cohérent.

La liberté, c'est cette façon de se débarrasser des entraves que le corps social impose. Elle est excessivement restreinte.

La preuve, il nous faut un avion pour voler, un bateau pour aller sur la mer : on est obligés d'avoir des outils pour tout. On n'a même pas un « machin » qui nous permet de vivre à poil s'il fait froid, donc on est obligés de se faire des vêtements. Ça a commencé en empruntant des peaux de bêtes chez nos ancêtres. On nous a quand même fabriqué un système assez fragilisant : le petit homme, il lui faut trois ans pour sortir de la totale dépendance… Au bout de trois ans, il ne peut même pas se nourrir tout seul, alors que le moindre lapin ou piaf, dès qu'il a quitté le nid, au bout de trois semaines, est autonome. A-t-on encore le droit de penser que nous ne sommes pas infirmes ?

Quand on est dans le Grand Sud et qu'on voit les albatros voler, on se dit : si je n'ai plus de bateau, je suis mort dans le quart d'heure, alors qu'ils vont faire le tour du monde en volant sans même bouger leurs ailes… Les animaux ont plein de choses qu'on n'a pas, quand même. Si on pouvait voler, nager sous l'eau, comme les phoques, on dirait qu'effectivement on n'a pas à se plaindre.

Le bonheur total, ce serait alors d'être plus armé. D'être complet, d'être capable de voler, d'être capable de plonger à 2 000 mètres comme les baleines, d'être capable de tout…

Qui décide de l'horloge du temps ? C'est le destin. Cette espèce d'« avatar » incompréhensible qui fait qu'on est sur cette Terre, on ne sait ni pourquoi, ni comment, ni dans quel but… Il y a eu des milliards d'années avant moi, il y aura des milliards d'années après : je fais quoi au milieu de tout ça, moi ? Même quand je regarde en face et que je vois une île, elle sera encore là dans cinquante ans et moi dans cinquante ans j'aurai disparu. Mon autorisation de vie est au mieux de cent ans, alors que la géologie du monde c'est des milliards d'années. Le moindre morceau de caillou qui regarde la mer va rester là plus longtemps que moi. Au nom de quoi ? Alors ça va, oh !

Pourquoi vit-on comme une étincelle ?

Je voudrais une durée de vie cohérente. J'arrive à la fin d'un machin que je n'ai pas vu passer... Je trouve que la durée de vie qui m'est accordée est indécente... et très inférieure à ce qui est accordé à certains : les minéraux vont vivre des millions d'années, tout va encore exister et pourquoi ça n'existe plus pour moi ? C'est magnifique l'endroit où on est : pourquoi il faut qu'on s'en aille ?

Ce n'est pas parce que je n'ai pas demandé à venir que je demande à partir...

Ce que je perçois est formidable ! Pourquoi on me sort du néant pour me précipiter dans le néant ? J'entends des slogans à la con, « Liberté, Égalité, Fraternité » : mais ils n'ont rien compris, ça ne va pas !

On nous a donné un temps, il s'agit de l'utiliser, de l'user même au maximum. Ce temps est hyper-court !

Un jour, je suis allé faire du temps perdu.

Je suis parti dans le Massif central, je m'arrête à une gare pour attendre un train que de toute façon je ne vais pas prendre. J'ai fait cet exercice-là pour, d'une certaine façon, sanctifier le temps perdu. C'est-à-dire que j'avais décidé de me fabriquer des vraies secondes inutiles. Mais de me les fabriquer moi. Parce que dans la plupart des cas, les temps inutiles, ce sont les autres qui me les fabriquent : parce qu'ils sont en retard, parce que l'avion n'est pas à l'heure, parce que le train a eu un problème.

Donc mon temps inutile était devenu du temps utile. À partir du moment où je me fabrique mon temps dit « inutile », il devient utile car il existe par référence au reste. J'ai décidé volontairement de gaspiller. Gaspiller, c'est une façon de profiter, un peu. C'est d'une vulgarité atroce, mais c'est un peu ça, profiter. Quand on a peu, c'est bien de gaspiller un peu.

Il y a de la dérision dans le fait de vivre. Il faut regarder la vie avec dérision, sans quoi elle est trop dure.

Le destin, c'est l'amalgame de ce que je subis et de ce dont je rêve ; cet amalgame, mêlé à l'action, fabrique ce qui va ressembler à la destinée, dont je suis semi-responsable et dont, de toute façon, je suis l'acteur complet, intégral, toujours. J'en suis l'acteur et le témoin ; je l'« agis » et je la subis en même temps.

La liberté, c'est de pouvoir organiser mes choix.

Et c'est chaque fois le même processus, c'est-à-dire que la liberté ça consisterait, pour rallier toutes les notions, à avoir le courage de vivre ce qu'on a décidé. Si on peut, parce qu'il y a aussi l'autre partie du volet qui fait que la vie ne me permet pas obligatoirement de faire ce que je veux. D'Aboville avait une très belle formule là-dessus : il fait l'aventure parce que c'est un devoir et il le fait aussi en pensant à tous ceux qui en ont rêvé et qui n'ont jamais pu le faire.

Le devoir, c'est presque une notion morale. Ça rejoint la vertu, c'est ce que j'ai choisi.

On se choisit ses devoirs si on choisit des engagements qui vont nous permettre de nous construire une vie cohérente. C'est pour ça qu'il faut faire les choses à fond. Quand je fais tout à fond, après c'est le destin qui va décider. Le destin est biologiquement injuste. Mais au moins je me serai donné le mal de tout faire. Et j'aurai par conséquent une image positive de moi-même. Le destin peut être cruel, mais enfin, on est entourés de cruautés… Quand on est petit, on croit que le malheur c'est parce qu'on a un camarade dans la classe qui a perdu ses parents, mais quand on est vieux, on s'aperçoit qu'on vit sous les bombes et que ça meurt tout le temps de tous les côtés et des gens périssent qui n'ont pas spécialement fauté.

Le bonheur peut avoir partie liée avec le courage. Bref, le bonheur est une décision. Encore que cela dépend des morphologies mentales. Une grande partie de mes bonheurs sont nés de mes courages, pour ne pas dire que tous mes bonheurs sont venus de mes courages : ne pas céder, ne pas abandonner, ne pas se laisser séduire par des trucs à la con, choisir, diriger, aller prendre le risque… Les risques sont faits pour être pris, il faut penser ça, je le répète et j'assume. La prise de risques apporte du bonheur, c'est *orgasmant*…

La prudence, c'est l'habit propre de la lâcheté. Il y a un moment où il faut tout miser.

Tout le temps. Tout le temps ! Je fais tapis avec mon existence. Il vaut mieux faire tapis avec son existence qu'avoir une existence de tapis !… C'est drôle, mais c'est vrai, nous sommes obligés de prendre des risques, ils sont faits pour ça.

Aujourd'hui, à force de courage, de prise de risques, je suis nappé de bonheur. J'ai décidé de vivre d'une certaine façon. Dans l'après-guerre, où il n'y avait rien à manger, on nous faisait ingurgiter du rutabaga. Ça va donc faire soixante-douze ans que je n'en ai pas repris, je trouve ça immangeable. J'ai éliminé : c'est un bel exemple de ce que j'ai éliminé. Et j'ai éliminé ainsi plein de choses. J'ai éliminé aussi tous les fâcheux, les indigents, ceux qui racontent leurs malheurs, les endroits qui puent, les décors pourris, tout ça… La chaleur humaine qui sent souvent la sueur… J'ai éliminé un paquet de trucs. Il y a un mot qui était à la mode et que je déteste : la « convivialité ». C'est convivial un restaurant… Je n'en ai rien à faire du convivial.

Je trouve le mot horrible. Il suppose le « vivre avec ». L'intérêt, ce n'est pas de « vivre avec », c'est de vivre ce que je veux vivre. La satisfaction du groupe en buvant des bières ne m'intéresse pas. Je ne suis pas fan de bière et je n'aime pas le groupe non plus. Le groupe, c'est suspect. Il y a l'effet de meute. Il faut regarder la foule et la manière que possiblement elle a de se conduire : sûrs de ne pas être reconnus, cachés de tous, ils deviennent immondes. La meute me fait peur.

Je dois toujours être le pilote de ce que je suis, donc, dans la foule, je ne pilote rien parce que je suis emmené. C'est comme quand je me baigne dans les vagues : ce sont les vagues qui décident. Sauf si je décide de nager vraiment ailleurs, donc je me retire de l'endroit où il y a des vagues. CQFD.

Intuition

A priori, j'ai toujours pensé qu'on savait tout, que rien ne nous était biologiquement étranger : notre cerveau est capable de tout savoir. Et, en fait, on l'utilise de façon singulière en niant ses capacités. Et l'intuition, c'est la frontière de la construction ou de la réception de nos savoirs qui permet tout à coup de continuer un raisonnement alors qu'il n'est plus appuyé sur des réalités. Il est appuyé sur ce qui va être perçu comme des croyances ou ce qu'on appelle généralement l'« intuition » : on sent que ça va être ça, sans être quand même tout à fait capable de l'expliquer, mais on le sent.

On sait tout, c'est bien caché, bien enfoui, de temps en temps ça ressort, mais on ne veut pas le savoir. Il y a plein de gens qui disent qu'ils ont fait telle chose, ils se sont mariés, ils ont fait ça ou ça, je ne sais quoi. Et ils sentaient, sans réussir à le démontrer, que ce n'était pas ce qu'il fallait faire, mais ils le faisaient quand même. Et une fois que ça ne marchait pas, ils disaient : « J'aurais dû m'écouter ! » C'est ça que révèle l'histoire. Dans cette vie, c'est permanent.

« J'aurais dû m'écouter » : c'est vrai, il faut s'écouter. Il faut s'écouter, mais il faut s'entendre aussi. Ce n'est pas le tout de s'écouter. C'est très impressionnant parce que c'est comme si on sentait les choses et puis, hop ! comme ça ne nous convient pas sur le moment de les sentir, on va vers ce qui nous plaît le plus… « J'aurais pas dû : ah, j'aurais pas dû, mais j'avais envie et j'ai fait… » La part d'intuition est très importante chez les gens, parce qu'on arrive très vite à savoir ce qui a *intuité*, ce qu'il faut faire ou ne pas faire, et c'est bouleversé par le jugement des autres, la peur du jugement des autres, l'influence des autres…

N'étant pas gestionnaire du cerveau des autres, je ne vois pas pourquoi je m'occuperais de ce qu'ils pensent. C'est d'une simplicité biblique…

C'est le pari de Pascal : l'intuitif. Il a l'intuition que ça existe.

Et il dit : c'est mieux si ça existe. C'est ça le pari.

Nous sommes quand même immergés dans un monde complètement incompréhensible et dans lequel nos moyens de comprendre sont tellement limités que je peux juste me baser sur ce que, émotionnellement, je crois. C'est-à-dire que je vais passer de l'intelligence cartésienne à l'intelligence émotionnelle, c'est tout.

L'intelligence est rationnelle, mais elle ne suffit pas. Ce n'est qu'une part du chemin. Il faut l'intuition, l'instinct pour compléter cette intelligence – mon intuition fut cardinale en mer.

L'intelligence permet d'approcher la compréhension de quelque chose. C'est l'intuition qui permet de dominer la compréhension qu'on a des choses.

Il n'y a pas vraiment d'intelligence sans intuition.

C'est l'intuition qui va piloter tout ça au final. Donc c'est l'irrationnel.

Nous sommes gouvernés par l'irrationnel. Alors qu'on se croit cartésiens.

Nous avons deux vies, en somme : une vie cartésienne, celle qui permet de prendre des billets d'avion, de ne pas se faire écraser quand on traverse au feu. Et l'autre intelligence, l'autre partie de nous qui va être tout ce qui va nous faire rire ou pleurer ou vivre de façon intense, et qui est tout sauf cartésienne. Donc c'est une espèce de loterie fantastique complètement indéchiffrable dans laquelle rentrent des éléments dont on n'a aucune idée. Et c'est pour ça qu'il y a deux voix chez nous : il y a l'intelligence cartésienne, laquelle permet de ne pas traverser quand l'autocar arrive, et il y a aussi l'autre intelligence, émotionnelle, qui va faire qu'on va se retrouver marié à une femme sans savoir exactement pourquoi, mais on croit que c'est la chose la plus importante de la vie… Or, les choses les plus importantes de nos vies sont des choses complètement irrationnelles. Prenons une feuille de papier, traçons une colonne de gauche et une colonne de droite, la gauche pour le rationnel, la droite pour l'irrationnel, et écrivons tout ce qui a compté dans notre vie : on va constater qu'à aucun moment il y a une chose rationnelle dans ce qui a compté dans notre vie. À aucun moment.

C'est l'irrationnel qui a tout piloté, oui.

Très souvent, devant le doute, je cherche à me référer à mon cerveau reptilien, parce que c'est ce cerveau reptilien qui a permis à mon espèce de survivre jusqu'à maintenant.

La confiance en soi s'acquiert avec la capacité de choisir. Parce que pour faire confiance à son intuition il faut vraiment avoir confiance en soi. D'abord il faut bien se connaître. C'est toujours la même histoire : il faut se connaître, il faut apprendre à sentir… C'est la vieille formule que j'adore : « Quand il y a doute, il n'y a pas de doute. » Il ne faut pas y aller.

Si le doute s'installe, il faut virer ! À tort ou à raison, parce qu'il y a un autre problème après : on n'est pas sûr d'avoir raison tout le temps. Une vie qui se réalise à peu près est une vie où on a le moins souvent tort.

Mais au milieu de tout ça, il y a une interférence : l'interférence, c'est l'autre. Avec l'autre, on va vers une intuition. Ça peut être bénéfique comme ça peut être complètement négatif. On le voit dans les couples : quand on a connu l'un ou l'autre séparés, il y a des gens que le couple multiplie et d'autres que le couple éteint.

Ou divise.

C'est un pari que je fais avec l'autre, toujours.

Parce que je suis quand même poussé, par l'attraction, le désir. En général, je réfléchis avant de parier.

Alors que dans le sentiment amoureux, je réfléchis assez peu, je suis emmené… C'est l'effet de la séduction de l'autre. C'est-à-dire que je suis enchanté. La plupart du temps, quand je demande à des amoureux de décrire leur partenaire, ils ne peuvent pas ; ils peuvent seulement me dire qu'il ou elle est formidable ou merveilleux ou je ne sais pas quoi, mais ils sont incapables de me faire une description réelle des qualités de l'autre. Ils sont emmenés par quelque chose… Ce quelque chose, souvent, c'est une façon de rompre une certaine forme de solitude.

Il n'y a que dans l'amour qu'on n'est pas tout seul. C'est comme s'il y avait un pont qui se fait avec l'autre, qui permet d'échanger réellement. C'est comme une passerelle en fait.

Je crois que ça se crée, ça existe d'abord à la base et ça se crée.

Performer

Performer m'a guidé. Il faut sans cesse essayer de se dépasser – et je n'ai pas ménagé mes efforts en courant des records. En clair, essayer d'être meilleur. Est-ce que tout ça n'est pas lié au courage ? Certes oui. Parce que ça doit être un projet d'essayer d'être meilleur. On n'est pas obligé de réussir, mais notre gloire, au sein de notre commune nature humaine, c'est le mal qu'on se donne, ce n'est pas les faiblesses qu'on a. Bien sûr qu'on a des faiblesses, la nature humaine est d'une imperfection totale, mais elle a aussi quelque chose de merveilleux qui est cette capacité à dire non. À dire non à quoi ? À la médiocrité, précisément à la faiblesse ?

Beaucoup de gens abdiquent parce qu'il y a un problème de choix, d'éducation comme toujours...

Performer, c'est donner de la lumière à la vie, essayer de faire en sorte, en fonction de mon jugement et de ma capacité de préhension de ce qu'est l'existence, de se rapprocher de ce qui me paraît le plus intelligent, le mieux, le plus cohérent, pour moi. Ça rejoint l'idée de bonheur, alors. Le but, c'est quand même le bonheur... Ce n'est pas de traîner une vie misérable, c'est d'être content de ce qui se passe autour de soi. La vie n'est pas un dû, c'est une chance.

RELEVÉ DE NAVIGATION

1967-1968

Service militaire dans la marine, affecté sur la goélette *Pen Duick III* (19 mètres) à la demande du capitaine de vaisseau Tabarly. Termine le chantier de construction à la Perrière (Lorient) et participe à tous les convoyages et courses du navire.

Gotland Race (Suède), Middle Sea Race, Channel Race,

Cowes Week,

Fastnet Race (Angleterre), Yarmouth—Lequeitio (Espagne), Plymouth—La Rochelle,

La Rochelle—Bénodet, Sydney—Hobart,

Convoyage Lorient—Baltique, Finlande—Angleterre,

Sydney—Nouméa, Ouvéa—Sydney. Fonction à bord : chef de quart.

1969-1970

Embarque avec le capitaine de vaisseau Tabarly sur la goélette *Pen Duick IV* (21 mètres).

Lorient, Ténérife,
Fort-de-France,
San Diego (États-Unis), San Francisco,
Los Angeles, Honolulu,
Hawaii—Tahiti—Nouméa. Fonction à bord : second.

Cours de navigation astronomique par le capitaine de vaisseau Tabarly, en charge de la sécurité et du matériel de sauvetage. Présence fréquente à bord du professeur Bordier, de l'hôpital Lariboisière, à Paris, qui nous enseigne les traitements d'urgence et pharmaceutiques.

1971-1972

Embarque avec le capitaine de vaisseau Tabarly sur le ketch *Pen Duick III.*

Los Angeles—Tahiti, Cape Town.

Fonction à bord : chef de quart.

Convoyage Rio—Fort-de-France, Course Southern Ocean,

Circuit Tampa—Miami—Fort Lauderdale.

Prépare *Vendredi 13* (Jean-Yves Terlain) pour l'OSTAR trois-mâts à foc baume.

Fonction : gréement, mécanique, électricité. Convoyage New York—La Rochelle.

Fonction à bord : second.

1973-1974

Mise à l'eau de *Pen Duick VI* (23 mètres) en second du capitaine de vaisseau Tabarly.

Course Whitbread autour du monde,
Neuvage du ketch, suivi du périple Portsmouth—Rio—Cape Town—Sydney—Rio—Portsmouth par les trois caps.

Fonction à bord : responsable voilure sécurité.

Bermuda Race (États-Unis), Newport—Bermudes, Course Bermudes—Plymouth.

Fonction à bord : second.

1975-1977

Capitaine sur le ketch *Kriter II* (25 mètres).

Financial Times Clipper Race Londres—Sydney, Sydney—Londres,

Convoyage Athènes—Lymington (Angleterre), armement, direction travaux.

1978-1980

Construction du trimaran *Kriter IV* (23 mètres) aux CMN de Cherbourg.

Route du Rhum en solitaire.

1981-1983

Capitaine sur le sloop *Kriter VI.*

Course transatlantique nord, Convoyage retour en solitaire, Course Lorient—Bermudes—Lorient.

1983-1985

Construction du trimaran *Jacques-Ribourel* (23 mètres) aux CMN de Cherbourg.

Neuvage sur la Route du Rhum en solitaire, Convoyage Antilles—Brest,
Course La Rochelle—La Nouvelle-Orléans, convoyage retour.

Fonction à bord : capitaine.

1985-1987

Construction du trimaran *Poulain CDK* (23 mètres) à Port-la-Forêt (Finistère).

Course de l'Europe : Scheveningen—Bremerhaven—Dún Laoghaire—Lorient—Vilamoura—Barcelone—San Remo.

Fonction à bord : capitaine.

Record du tour du monde (Brest—Brest) en solitaire par les trois caps.

1988-1992

Construction du trimaran *Charal CDK* (27 mètres) à Port-la-Forêt (Finistère).

Neuvage sur Brest—équateur—Antilles—Brest, Entraînement : équateur—New York—Brest, Brest—Cape Town—Brest.

Fonction à bord : capitaine.

1993-1995

Trophée Jules-Verne, record du monde en multicoque.

Fonction : capitaine du *Lyonnaise des eaux.*

1996-1998

Trophée Jules-Verne, record du monde sans assistance et sans escale.

Fonction : capitaine du multicoque *Sport-Elec.*

1999-2000

Construction du trimaran à moteur *Ocean Alchemist* (28 mètres), moteur Caterpillar 800HC.

Saint-Malo—Pointe-à-Pitre, retour Brest,
Brest—cercle polaire arctique—îles Lofoten, retour Écosse—Irlande—Brest.

Fonction à bord : capitaine.

2000-2002

Construction du trimaran *Géronimo* (33 mètres). Brest—équateur—Açores—Brest (deux fois).

Tour des îles Britanniques : cap Lizard, Pas-de-Calais, nord des îles Shetland, Écosse ouest, Irlande ouest, cap Lizard (deux fois).

Fonction à bord : capitaine.

2003-2006

Trophée Jules-Verne (deux fois), Convoyage à Doha (Qatar), Qatar—Perth, Perth—Sydney, Pacific Trophies,

Record du tour de l'Australie sans escale, Record Sydney—Tahiti,

Convoyage Tahiti—San Diego, Record Los Angeles—Honolulu, Record Honolulu—San Diego,

Convoyage San Diego—San Francisco,

Record San Francisco—Hawaii—Osaka sans escale, Record Osaka—Hong Kong, Hong Kong—Osaka, Record Osaka—San Francisco,

Convoyage San Francisco—San Diego.

2007-2008

Convoyage du *Géronimo.*

San Diego—Panama—Pointe-à-Pitre—Brest. À bord du trimaran *Ocean Alchemist.*

Brest, Açores, Pointe-à-Pitre, Brest, Canaries, Cap-Vert, Saint-Louis, Fortaleza, Bahia, Rio, Parati, Brachuy, Isla Grande, Buenos Aires, détroit de Magellan, Punta Arenas, Chiloé, Valparaiso, Gambier-Est, Tuamotu, Reao, Puka Puka, Taenga, Fakarava, Apataki, Rangiroa, Bora-Bora, Raiatea, Moorea, Tahiti.

TABLE DES MATIÈRES

Du même auteur
Au Cherche Midi

Veritas tantam potentiam habet ut non subverti possit (La vérité a une telle puissance qu'elle ne peut être anéantie), 2022
De l'urgent, du presque rien et du rien du tout, 2019
Promenades de bord de mer et étonnements heureux, 2016
Le Monde comme il me parle, 2013
Ocean's Songs, 2013
La Bretagne vue de la mer, 2006
Tous les océans du monde, 1997

#lisez! engagé
www.lisez.com
Pour plus d'information :
Imprimé sur du papier issu de forêts gérées durablement.

Imprimé en France par
CPI Brodard & Taupin
en novembre 2024
N° d'édition : M17930/01. – N° d'impression : 3059032